POLYGLOTT on tour

W0077793

island

Wolfgang Veit

Allgemeines

Stadtbeschreibungen

Reykjavík – Die nördlichste Hauptstadt der Welt

Islands Metropole fasziniert mit ihrer Mischung aus urbaner Lebensart und provinziellem Charme. Hier locken Top-lokale und interessante Museen, gute Einkaufsadressen ebenso wie das quirlige Nachtleben.

Akureyri – Die »Perle des Nordens«

Eingerahmt von einer malerischen Bergkulisse schmiegt sich die verträumte Kleinstadt im Aufbruch an den Eyafjörður. Öfter als man glaubt weht hier der milde Föhn, dann ist Zeit für eine Stippvisite im Straßencafé oder dem hübschen Botanischen Garten.

Touren

*In Nordisland bietet der
gewaltige Goðafoss ein beeindrucken-
des Naturschauspiel*

Bildnachweis

Udo Bernhart: 2-1, Umschlag-Rückseite oben; creativ-collection: 6/7 (Fond);
Dietmar Fiebig: 73; Andreas J. Focke: 6, 25, 31, 33, 34, 44, 54, 71, 74, 93, 94;
Páll Gíslason/www.kerlingarfjoll.is: 2-2,86, Umschlag-Rückseite unten; Hotel
Ranga/Björn Eriksson: 8; Icelandic Tourist Board: 51; Icelandic Tourist Board/
Randall Hyman: 13, 20-2, 35, 41, 42; Icelandic Tourist Board/Frederic Reglain:
30; Icelandic Tourist Board/Dieter Schweizer: 20, 76; Icelandic Tourist
Board/www.adventure.is: 7, 10/11 (Fond); Isländisches Fremdenverkehrsamt
Neu-Isenburg: 16; Volkmar Janicke: 5, 66; laif/Gebhard: 1, 11, 96; laif/Andreas
Hub: 29, 63, 65; Restaurant Fjöruborðið/Raki: 27; Hubert Stadler: 15, 18, 36, 37,
47, 53, 58, 61, 82, 83, 90; Terraqua/Wolfgang Tins: 10; Tourist Office Hafnarfjörður: 9; www.arctic-images.com/Ragnar Th. Sigurdsson: 79, 84, 88; www.
elfenportal.de/Josephine Wall: 8/9 (Fond); Titelbild: Look/Uli Wiesmeier

Eis und Eruptionen
hautnah

Islands großer Reiz sind die ungezähmten Naturgewalten, die sich Reisenden schnell erschließen. Ganz problemlos können Sie zischenden Geysiren, brodelnden Schlammtöpfen oder donnernden Wasserfällen, dem ewigen Eis der Gletscher oder heißen Thermalquellen nahe kommen – und einen Fitnesstest müssen Sie dabei nicht bestehen, denn oft genug findet das freie Spiel der Naturkräfte einfach am Wegesrand statt.

Neue und bekannte Geysire

Vor den Augen einer Wanderergruppe brach am Ende der Kerlingarfjöll-Piste, auf dem Weg zum Snækollur urplötzlich der Boden auf. Aus einer tellergroßen Öffnung schossen heißer Schlamm, Dampf und Wasser. Seit dem 29. Juni 2003 gibt es auf Island einen Geysir mehr – wenn auch nur ein ganz kleinen, der zudem unregelmäßig sprüht. Im Kerlingarfjöll-Gebiet können solche Ausbrüche jederzeit vorkommen, denn die Region ist geologisch besonders aktiv.
Wer auf Nummer sicher gehen möchte, besucht die berühmten Springquellen im Thermalgebiet Haukaladur – eine besonders tolle Fontäne produziert dort der Strokkur (s. S. 52).

Vulkanausbruch (fast) live

Dieses Erlebnis ermöglichen die beliebten ein- oder zweistündigen Vulkanshows von Vilhjálmur und Ósvaldur Knudsen – ihr grandioses Filmmaterial aus den letzten 40 Jahre dokumentiert u. a. die Entstehung der Insel Surtsey und den Ausbruch der Hekla 1970 sowie die Ausbrüche von 1996 und der Grímsvötn 1998 unter dem Eis des Vatnajökull. Ähnliche Filme gibt es auf den Westmänner-Inseln zu sehen (s. S. 81).

▌**Red Rock Cinema,**
Hellusund 6 a, 101 Reykjavík, Tel. 845 9548, tgl. April–Juni 15 und 20 Uhr, Juli/Aug. auch 18 Uhr, Sept. 15 und 18 Uhr, Okt.–März 20 Uhr.

Ein klarer Fall

Zu den schönsten Wasserfällen am Wegesrand zählen die wenig bekannten **Hraunfossar** an der Straße 518 im Tal bei Reykholt (s. S. 75 f.). Auf einer Breite von mehr als 1 km quellen zahllose Kaskaden aus einem schwarzbraunen Lavafeld und ergießen sich in den Hvíta. Für reichlich Nachschub sorgt stets das Schmelzwasser des Langjökull.

Mit 198 m ist übrigens der Glymur am Hvalfjörður (s. S. 77) der höchste Wasserfall Islands. Weitere beeindruckende Fälle sind der Gullfoss (s. S. 54), Skógafoss (s. S.58), Dettifoss (s. S.64) und Goðafoss (s. S. 67).

Heißes Bad zum Nulltarif

Der Hitze im Innern der Erde sei Dank: Überall in Island locken heiße Quellen – und den Spaß im Nass gibts meist kostenlos. Neueste Bade-Attraktion ist das hübsche Strandbad von Nauthólsvík südlich des Inlandsflughafens in Reykjavík (erreichbar über die Straße Hlíðarfótur). Geothermisch aufgeheiztes, 20 °C warmes Wasser und künstlich aufgeschütteter herrlich goldgelber Sand machen den Reiz des Thermalstrands aus. Das Gebäude mit Duschen und Umkleideräumen ist tgl. 12–20 Uhr geöffnet. Schon um 1960 frönten an dieser Stelle kälteresistente Einheimische dem Badespaß – an einer kleinen heißen Quelle.

Gratis baden kann man z. B. auch in der Lagune nahe Reykjahlið (s. S. 65), in Hveravellir (s. S. 86 f.) und im Landmannalaugar (s. S. 83).

Auf einen Jökull

Gletschereis hat Island reichlich, und alle, die entlang der Südküste unterwegs sind, werden

Activity Group, Tunguháls 8, 110 Reykjavík, Tel. 580 9900 Fax 580 9901, www.activity.is

einen Abstecher auf den riesigen Vatnajökull (s. S. 60) machen oder den gewaltigen Eisblöcken auf der Jökullsárlón-Lagune direkt an der Ringstraße begegnen (s. S. 62). Auch andere Gletscher sind durchaus zugänglich, z. B. der Langjökull (mit ca. 1025 km² zweitgrößter der Insel), wo Activity Group im Sommer Fahrten mit Schlittenhunden startet.

In freier Natur mit Programm

Wer nicht auf eigene Faust losziehen, gleichzeitig aber auch nicht auf Naturerlebnisse verzichten möchte, sollte sich einer Tour anvertrauen. Den besten Querschnitt bieten Kombi-Pakete, d. h. Touren, die verschie-

Guðmundur Jónasson-Travel, Borgartún 34, 105 Reykjavík, Tel. 511 1515, Fax: 511 1511, www.gjtravel.is.

dene »sanfte Abenteuer« in freier Natur zusammenfassen, z. B. Wandern, Mountainbiking und Jeep-Trips. Auf derartige Programme hat sich Guðmundur Jónasson-Travel spezialisiert. Ein zweiter großer Aktivanbieter ist Destination Iceland (s. S. 35).

Es ist etwas dran am magischen Zauber der Insel. Während einer Fahrt durch Zentralisland oder zum Dettifoss an einem Nebeltag wecken seltsame Gesteinsformationen oder die gedämpften Geräusche bald Gedanken an Elfen oder Trolle. Und manche Plätze scheinen wirklich eine eigenartige, starke Energie auszustrahlen. Nicht umsonst glauben Esoteriker und Spiritualisten, dass sich auf Island einige der wichtigsten Kraftlinien der Welt treffen, wie etwa am sagenumwobenen Berg Snæfellsjökull.

Elfen, Geister, Gnome

Magische Plätze

Es sind merkwürdige Felsformationen oder eigenartig schroffe Hügel, winzige Tümpel oder stille Buchten an Flussufern – Orte, die selbst nüchternen Betrachtern bei längerem Verweilen ein Kribbeln auf der Haut bescheren. Im Felsen **Álfaborg** am Ortsrand von Bakkagerði (Borgafjörður Eystri) sollen die Königin und der König der Elfen leben.

Wer die Straße Nr. 94 nach Bakkagerði oder von dem Ort aus befährt, hüte sich vor dem bösen Troll Naddi, der im Mittelalter viele Reisende von den Klippen stürzte ... Mit etwas Vorstellungsgabe kann man an den Setbergshamar-Klippen nahe **Studraberg** nordöstlich von Hafnarfjörður eine ganze Elfenstadt mit Schulen und sogar Kirchen ausmachen. Und am Álfsholtsvegur, dem **Elfenhügelweg** in **Kópavogur,** wurde die Straße in einem bizarren Schlenker nach links geführt, um Elfenbehausungen zu schützen.

Ritt ins Tal der Trolle

Álfaborgir« – Elfenstädte – und »Trölladalur«, Trolltal, – so die Namen der Landschaften rund um den Ort Grenivík nordöstlich von Akureyri, die man acht Tage lang auf dem Rücken eines Islandpferds erkunden kann. Der Fluss Fnjóská gibt bei dieser Reiterreise die Route vor – Stationen sind u. a. die Torfgehöfte von Laufás, aber auch die einsamen Küstengebiete um den Hvalvatnsfjörður am Nordende dieses Landzipfels. Während des Ausritts erfährt man von den Führern natürlich alles über Islands verborgene Welt, die in dieser einsamen, bizarren Landschaft nördlich von Grenivík besonders präsent zu sein scheint. Man sollte allerdings über mindestens ein Jahr Reiterfahrung verfügen. Die Unterbringung erfolgt auf einer Reitfarm, in Gästehäusern und in Berghütten.

▌ **Pegasus Internationale Reiterreisen,** Adenauerstr.32, 82178 Puchheim, Tel. 0800 505 1801, Fax 0800 505 1802 (jeweils gebührenfrei), bzw. Herrenweg 60, 4123 Allschwill, Schweiz, Tel. 0041 (0) 61/ 303 3101, Fax 303 3100, www.reiterreisen.com.

Verborgenen Wesen auf der Spur

Islands offizielle Elfenbeauftragte ist die Klavierlehrerin Erla Stefánsdóttir. Sie arbeitet für das Bauamt der Stadt Reykjavík als Seherin und hat nebenbei für das Tourismusamt der Stadt Hafnarfjörður eine (auch deutschsprachig vorliegende) Elfen-Karte gezeichnet, die zu den Wohnorten des verborgenen Volks in der Stadt führt. Erhältlich beim Tourist Information Centre.

❚ **Tourist Information,**
Vesturgata 8, Tel. 565 0661,
Fax 565 2914, 220 Hafnarfjörður,
www2.hafnarfj.is

Elfenkunde

»Unterschiede zwischen Zwergen und Gnomen«, »kleine Typologie der Elfen« – das sind die Themen, die in der ersten und einzigen Elfen-Schule der Welt auf dem Lehrplan stehen. Wer sich für Islands verborgene Wesen interessiert, sollte einen ca. dreistündigen Kurs bei Magnús H. Skarphéðinsson belegen, einem Historiker, der über 400 Berichte über Begegnungen mit Elfen, Gnomen, Trollen und anderen Wesen gesammelt hat. Die Teilnehmer erhalten ein deutschsprachiges Lehrbuch mit den wichtigsten Inhalten und auf Wunsch auch eine Kopie der (englischsprachigen) Geschichtensammlung sowie natürlich ein Zertifikat. Ferner ist auf Wunsch ein deutsch sprechender Übersetzer anwesend.

❚ **Álfaskólinn,** Siðumúli 31,
2. Stock, 108 Reykjavík,
Tel. 894 4014, Fax 561 2014,
E-Mail: mhs@vortex.is, Kurse
Juni–Aug. Fr ab 16 Uhr, für Gruppen
sonst auch auf Anfrage.

Island scheint ein Land der touristisch unbegrenzten Möglichkeiten zu sein. Viele kleinere oder große Reiseveranstalter in Deutschland, Österreich und der Schweiz stellen die unterschiedlichsten Reiseprogramme zur Auswahl und auf der Insel selbst finden sich in den Prospekten zahllose Reit-Touren, Schiffsausflüge, geführte Wanderungen und Jeep-Touren sowie Schneemobil-Expeditionen. Keine Frage: Bei einem solch reichhaltigen Angebot ist Orientierung zunächst das allerwichtigste. Während der Hochsaison ist es ratsam, eine vorgeplante Rundfahrt mit Mietwagen und vorgebuchten Unterkünften an wechselnden Orten in Erwägung zu ziehen. Bei sog. Standort-Reisen erkundet man Island von einem festen Domizil aus. Das isländische Fremdenverkehrsamt (s. S. 100) nennt spezialisierte Reiseveranstalter.

Gut geplant – indviduell erlebt

Kurztouren ab Reykjavík

Nicht jedes Island-Abenteuer benötigt viel Zeit. Wählt man bei knapp bemessener Aufenthaltsdauer bzw. einer Städtereise nach Reykjavík die richtigen Angebote aus, stellt sich unweigerlich tolles Island-Feeling ein: So gibt es von April bis Oktober tgl. 9 und 13 Uhr, im Sommer auch um 17 Uhr **Walbeobachtungs-Safaris** des 2003 eröffneten Hvalstöðin-Centre – und das sogar mit Garantie: Wer keinen Wal sieht, darf kostenlos an einer zweiten Tour teilnehmen. Wer sich von **Mountain-Taxi** um 9 Uhr in seinem Hotel in Reykjavík abholen lässt, bekommt Abenteuer pur: Den Langjökull-Gletscher (inkl. Schneemobiltour), ein Jeep-Abenteuer auf der ruppigen Piste (F 550) durchs Kaldidalur, heiße Quellen, die großartige Allmänner-Schlucht bei Þingvellir und die historischen Stätten von Reykholt.

Ein Wellness-Erlebnis kurz vor Abflug ermöglicht der **Flybus**: er holt die Reisenden tgl. ab 10.30 Uhr in den Unterkünften ab und bringt sie in die Blaue Laugune (Gepäck wird aufbewahrt). Dort kann man drei Stunden baden. Dann bringt der Bus Gäste mit Nachmittagsflug zum Flughafen, die anderen zurück in die Stadt.

▮ Walbeobachtungs-Safaris:
Dauer. ca. 3 Std., Kosten: 3500 ISK, Abfahrt an der Ægigardur-Werft am Hafen, Tel. 533 2660, Fax 421 2517, www.marine-marvels.com

▮ Mountain-Taxi-Tour:
Dauer: 8–9 Std., Kosten: 15 000 ISK, Mountain-Taxi, Álholt 10, Hafnarfjörður, Tel./Fax 565 5695, www.mountain-taxi.com

▮ Flybus: Buchung beim Flybus Terminal, Hotel Loftleiðir, Reykjavík Airport, Tel. 562 1011, Fax 562 7573, E-Mail: main@re.is, Kosten inkl. Eintritt: 3100 ISK.

Tücken der Fortbewegung

Eine Islandrundfahrt dauert wegen der vielen Fjorde oder Kurven länger als man denkt. Faustregel: abseits der Ringstraße nicht mehr als 80–140 km pro Tagesetappe einplanen. Zudem können im Hochland Wetterstürze zu Zwangspausen führen.

Tipp In Island sollte man sich die offizielle Straßenkarte **Island Ferðakort** 1:500 000 oder 1:250 000 besorgen – sie ist zuverlässig und dort billiger als im Heimatland.

Nach 23 Uhr schließen viele Tankstellen in verkehrsarmen Regionen (z. B. in den Westfjorden) – wegen der hellen Sommernächte realisiert man dies jedoch oft zu spät. Tanken Sie möglichst bei jedem Zwischenstopp oder nehmen Sie mindestens einen Reservekanister mit, damit Sie noch in die nächste größere Stadt kommen können. Vor allem Jeeps erweisen sich im Allradbetrieb als Spritfresser. Ein Posten im Reisebudget sind die etwas höheren Treibstoffkosten auf Island (ca. 1,16 €/l bleifrei). Und: Radfahrer sollten ihre Touren von West nach Ost planen, dann haben sie mächtig Rückenwind.

Tipp **Tipps fürs Reisegepäck**
Abwechslung ist auf Island reichlich geboten, auch beim Thema Wetter, und daher ist es gut, für milde Sommertage Hut, Sonnenbrille (bei Autofahrten) und -creme dabei zu haben. Wegen der klaren Luft ist die Sonneneinstrahlung sehr stark. Aber es gibt auch im Sommer extrem kalte Wetterlagen mit Schneeregen oder Graupelschauern, darum gehören ein dicker Pullover, Regenjacke (Schirme werden schnell weggeweht) und Regenhose sowie imprägnierte Schuhe mit gutem Profil und Handschuhe ins Gepäck. Teleskopstöcke sind auch für Nicht-Wanderer hilfreich (z. B. auf glitschigen Wegen wie am Gullfoss). Übrigens: Mehrere kleine Reisetaschen lassen sich in Jeeps oder Pkw erheblich besser verstauen als ein einzelner, großer Koffer.

Feuer, Frost, Familiensinn

»Ungewöhnlich und exotisch«. Mit dieser Begründung kürte im Sommer 2003 die Reiseredaktion der britischen Zeitung »The Guardian« einen Geothermal-Strand zu einem der zehn schönsten Bädeplatze in ganz Europa. Dabei liegt er an einem ungewöhnlichen Ort: in Nauthólsvík (s. Special S. 6 f.), im vermeintlich rauen, kalten Island. Ein neues Ziel für Sonnenanbeter, neben dem ebenfalls von der Zeitung ausgewählten Strand Forte dei Marmi in der Toskana?

O ja, so ist diese kleine, große Insel knapp unterhalb des Polarkreises: immer für Überraschungen gut. Nicht nur, dass klare, badetaugliche Sommertage mit Temperaturen über 20 °C gar nicht so selten sind – vor allem, wenn der Wassertemperatur dank der Erdwärme kräftig nachgeholfen wird, wie in Nauthólsvík. Die ungebändigte und bisweilen bizarre Natur lockt nicht nur Abenteurer und Aktiv-Touristen, sondern auch ganze Heerscharen von Werbefilmern – so mancher wohlbekannte, preisgekrönte Spot oder sogar ein James-Bond-Film wurde, zumindest in Teilen, auf Island gedreht.

Auch statistisch überrascht die Insel: Wer weiß schon, dass Isländisch eine der ältesten Sprachen der Welt ist und es auf der Insel, gemessen an der Zahl der Einwohner, die meisten Schachgroßmeister und Literatur-Nobelpreisträger gibt? Island ist nach dem Vereinigten Königreich von Großbritannien und Nordirland immerhin der zweitgrößte Inselstaat Europas, aber kaum ein Viertel seiner Fläche kann von der Landwirtschaft genutzt werden, Ackerbau ist fast gänzlich unmöglich.

Lage und Landschaft

Island, die größte Vulkaninsel der Welt, ist ungefähr so groß wie Bayern und Baden-Württemberg zusammen. Und sie scheint sich förmlich im endlos weiten Nordatlantik zu verlieren, denn sie liegt knapp unterhalb des Polarkreises rund 270 km südöstlich von Grönland und 800 km nordwestlich von Schottland. Den Isländern mag die Fläche dennoch ausreichen, weswegen sie gerne davon sprechen, »in« Island zu leben, nicht »auf« Island. Immerhin wächst die Insel jedes Jahr um einige Quadratmeter, und das schon seit der Entstehung vor 25 Mio. Jahren. Das liegt daran, dass Island auf Basalt gebaut ist und dieses Fundament jährlich um etwa 2 cm gedehnt wird. Der nordöstliche Teil des Sockels ruht auf der europäischen Kontinentalplatte. Der kleinere, südwestliche Teil sitzt dagegen auf der amerikanischen Kontinentalplatte – und die beiden treiben auseinander wie Eisschollen auf einem Fluss. So gibt es immer wieder mächtige Risse, doch schnell schießen bis zu 1000 °C heiße Gesteinsmassen empor, erkalten und füllen damit die Lücken mit neuen Basaltfelsen wieder auf. Die Erdaktivitäten lassen auf der Insel mehr als 200 Vulkane und rund 25 Hochtempe-

Islands wohl berühmtester Geysir: der Strokkur im Haukadalur

raturgebiete mit bis zu 200 °C heißen Schwefelquellen und Fumarolen rumoren und blubbern.

Das neue Land hat Mutter Natur im Laufe der Jahre mannigfaltig ausgeschmückt: mit Gipfeln wie in den Alpen und grünen Wiesen z. B. auf der Halbinsel Snæfellsnes (s. S. 91 ff.), mit lang gezogenen, einsamen Buchten an den Westfjorden (s. S. 78 ff.), mit Steinwüsten und reißenden Flüssen im Hochland (s. S. 85 ff.) und satten Weiden für Rinder und Pferde im Süden. Richtige Wälder finden sich im Reykholtsdalur oder am südöstlichen Lögurinn-See (s. S. 64). Und weil Island geografisch auf derselben Höhe wie Mittel-Norwegen liegt, gibt es zudem viel ewiges Eis – ein Zwölftel der Insel ist vergletschert.

Klima und beste Reisezeit

Regen, Wind, Kälte – wer glaubt, dies allein seien die Zutaten des isländischen Wetters, irrt sich gewaltig. Zwar sorgen die aktive Westwinddrift in großer Höhe und das berüchtigte Islandtief, das meist zwischen Island und Grönland liegt, sehr häufig für wechselhaftes Wetter und stets ausgeglichene Temperaturen – im Sommer um die 15 bis 20 °C, im Winter zumeist um oder knapp unter 0 °C. Doch kann es im Südwesten regnen – und im Nordosten durch Föhneffekte im Windschatten der Berge, also fallende trockene Luft, zur gleichen Zeit nur bewölkt, wenn nicht sogar sonnig sein. Das Ganze gilt natürlich auch umgekehrt. In Reykjavík regnet es mit 779 mm fast ein Viertel weniger als in München (946 mm), die durchschnittliche Jahrestemperatur liegt bei 5,1 °C (München: 7,6 °C). Sommers wie

Klima und Reisezeit

Reykjavík

- ▨ Tageshöchsttemperaturen
- ▨ Nächtliche Tiefsttemperaturen
- — Niederschlag
- ☀ Sonnenmonate
- ☂❄ Niederschlagsmonate

winters haben auch mehrtägige Hochdrucklagen mit trockenem, im Sommer über 20 °C warmen Wetter durchaus eine Chance, wie etwa im Hochsommer 2003. Mit Wind muss jedoch aufgrund der Meeresnähe fast immer gerechnet werden, ebenso mit unvermittelten Wetterwechseln.

Hochsaison in Island ist der Sommer, zwischen Anfang Juni und Ende August. Dann stehen die meisten Unterkünfte zur Verfügung, allerdings liegt das Preisniveau um 10–20 % höher als in anderen Monaten, auch die Preise für Mietwagen klettern um etwa 10 % (vgl. Special S. 10 f.). Im Sommer ist das Aktivangebot größer, ebenso die Dichte der Inlandsflüge und Busverbindungen und die Sehenswürdigkeiten bieten längere Öffnungszeiten. Im Winter sind die Reisemöglichkeiten eingeschränkt. Oft blockieren Schneeverwehungen die Straßen. Zudem erschweren dann die nur kurzen Helligkeitsperioden (vgl. S. 19), einen Eindruck vom Land zu bekommen.

Natur und Umwelt

Flora: artenarm, aber nicht karg
Nur auf den ersten Blick wirkt die Flora Islands eintönig. Bei näheren Hinsehen wird man am steinigen Boden oft typische Fleckenmuster aus grau- bis gelbgrünen Moosen der Gattung *Rhacomitrium* erkennen. Dazwischen schimmern früh blühender Thymian, rosa Alpenheide, Schwarze Krähenbeere, Rauschbeere sowie viele Heidelbeer-Sträucher, die im Herbst die

Von Fumarolen und Schildvulkanen

Island ist nicht umsonst ein beliebtes Reiseziel für Geologen – hier kann man Erdgeschichte live erleben. Am ehesten fallen **Schicht-** oder **Stratovulkane** auf – Feuerberge wie der Snæfellsjökull oder die Hekla, die aus vielen Ascheschichten aufgebaut und deswegen sehr steil sind. Am Südwestufer des Mývatn haben sich viele **Pseudokrater** gebildet, als ein Lavastrom über eine Wasserfläche floss. Dabei entstand plötzlich heißer Dampf, der sich explosionsartig einen Weg nach oben bahnte und den Krater hinterließ. In den Hochtemperaturgebieten häufig anzutreffen sind **Fumarolen,** kleine Erdspalten an aktiven Vulkanzonen, die es in sich haben. Trifft Grundwasser auf die etwa 800–1200 °C heiße Magma, wird es explosionsartig erhitzt und schießt als stark kohlendioxid-haltiger Dampf in die Höhe. Von einem **Solfatar** spricht man, wenn der Dampf Säure aufnimmt und den Boden zersetzt – Kennzeichen sind gelblich-weiße Ränder aus Salzkristallen und Schwefelablagerungen. Prägend sind auch mächtige Gletscher wie der Vatnajökull, der ungefähr doppelt so groß ist wie alle Alpengletscher zusammen, Langjökull oder Hofsjökull. Die Eiszungen haben im Laufe der Jahre sehr viel Basaltgestein zu kleinen Steinen und Sand zerrieben, das vom Schmelzwasser in Richtung Meer getragen wird. Die Folgen sind gut am Mýrdalssandur zu sehen – eine relativ ebene, eintönig wirkende **Sanderfläche,** die von der Ringstraße quasi in zwei Hälften geteilt wird.

Schafe, Islands häufigste Vierbeiner, werden im Herbst zusammengetrieben

Sammler anlocken. Im Hochland gedeihen nur wenige Zentimeter große Zwergbirken, deren Laub sich im Herbst rot verfärbt. Mitteleuropäer werden größere Wälder vermissen. Allenfalls kleine Reste von subpolarem Birkenwald konnten die Abholzung durch den Menschen und den Verbiss durch das Weidevieh überstehen, so dass inzwischen aufgeforstet werden muss. Ansonsten gibt es mit ca. 450 höheren Pflanzen-Spezies nur ein knappes Fünftel aller Arten, die z. B. in Großbritannien vorkommen.

Fauna: wenig Säuger, viele Vögel

Auch Islands Tierwelt ist, vor allem wegen der isolierten Insellage, recht artenarm. Eine einzige Säugetier-Art, den Polarfuchs, gab es schon, bevor die ersten Siedler kamen. Andere Arten wie z. B. Rentiere, Nerze oder Wildkaninchen wurden eingeführt. Zu den beliebtesten Haustieren zählt das widerstandsfähige, trittsichere und treue Islandpferd. So streng sind die Zuchtgesetze, dass selbst Pferde, die im Ausland an einem Turnier teilgenommen haben, nicht mehr nach Island zurückgebracht werden dürfen. Die verspielten rehbraunen Island-Hunde, leicht erkennbar an dem geringelten Schwanz, sind gar eine der ältesten Hunderassen der Welt. Sie werden vor allem als Schaf-Hütehunde eingesetzt und kosten beim Züchter umgerechnet einige tausend Euro.

Am und im Meer ist sehr viel mehr Vielfalt geboten: Seehunde und Kegelrobben, Finn-, Sei- oder Zwergwale, daneben die bekannten Pott-, Schwert- und Grindwale sowie rund 250 verschiedene Fischarten, unter anderem Polardorsche oder Grönlandhaie kommen rund um Island vor.

Nicht nur Ornithologen werden begeistert sein: Mehr als 70 brütende Vogelarten kann man an den berühmten Vogelfelsen wie Látrabjarg (s. S. 96) am Südwestzipfel der Westfjorde aus nächster Nähe beobachten, darunter den Basstölpel, mit einer Spannweite von 1,80 m Islands größter Meeresvogel. Auch Herings-, Silber- und Eismöwen und Dickschnabel- und Trottellummen, deren Aussehen am ehesten an den Pinguin erinnert, leben an den Felsen (s. S. 97).

Klippen der Westmänner-Inseln

Naturschutz – nun ja

»Naturschutz ja, aber nur, wo es wirtschaftlich möglich ist«. So lautet die Devise, seit Anfang der 1970er Jahre erste Umweltschutzgesetze erlassen wurden. Zwar besitzen mehr als 300 Gebiete als Reservat oder Naturdenkmal Schutzstatus, zudem vier Nationalparks (Skaftafell, Snæfellsjökull Gletscher, Jökulsárgljúlfur und Þingvellir), doch wo Investitionen Gewinn versprechen, muss die Umwelt hintanstehen. Vor allem neue Staudammprojekte zur Energieerzeugung stoßen auf Kritik von Naturschützern. Heftig umstritten ist z. B. das Projekt am Dimmugljufur, einem Canyon am nordöstlichen Vatnajökull-Massiv. Der soll, dank einer 190 m hohen Mauer, zum Stausee werden, dessen Wasser Strom für ein neues Aluminiumwerk des US-Konzerns Alcoa erzeugen soll – und das, obwohl in dem Gebiet gut 3000 wilde Rentiere und viele Dutzend Vogelarten leben. Island deckt seinen Energiebedarf zu rund 70 % aus eigenen Ressourcen (Wasserkraft und geothermische Energie).

Ein heißes Eisen ist auch immer wieder die vom Fischereiministerium verordnete Fangquote angesichts der Überfischung wichtiger Fanggründe (s. S. 20). Ein neueres Problem sind die vielen Abenteuertouristen, die sich trotz Verbots mit ihren Jeeps vor allem im Hochland abseits der Pisten bewegen – und dabei die empfindliche dünne Moos- und Pflanzenschicht nachhaltig schädigen.

Bevölkerung und Religion

Islands Gesellschaft ist recht homogen. Beispiele erwünscht? Isländer leben vor allem in Städten mit über 2000 Einwohnern – mit einer Urbanisierungsrate von 92 % liegt Island weltweit an der Spitze. Es gibt eine breite Mittelschicht – so nennen 75 % der rund 288 000 Isländer ein Häuschen ihr Eigen. Die evangelisch-lutherische Kirche dominiert – 91 % der Isländer gehören ihr an. Auch politisch sind die Isländer sehr konform – in den vergangenen 50 Jahren gab es so gut wie keine Protestmärsche, kaum Streiks und öffentliche Auseinandersetzungen werden in den Leserbriefspalten der Zeitungen ausgetragen.

Viele Gemeinsamkeiten

Bei Werten, Normen und dem Verhaltens-Kodex findet sich also große Übereinstimmung. Den Zusammenhalt erklären Soziologen mit der jahrhundertelangen Isolierung auf der Insel und der nicht minder langen Dominanz der Großfamilien – bis etwa 1950 lebten oft bis zu drei Generationen unter einem Dach. Bestimmte Verhaltensmuster wie z. B. der weit verbreitete Glaube an Elfen (s. S. 19) konnten so weiter vererbt, Normen und Werte kontinuierlich weitergereicht werden, ohne dass von außen andere Vorbilder Einfluss gewannen.

So geben sich Isländer kollektiv streitbar, wenn sie den Eindruck haben, jemand von außen mische sich in ihre nationalen Angelegenheiten ein wie etwa beim Thema Walfang oder Fisch-Fangquoten. Im Kollektiv entfliehen Isländer, die man als bodenständig bezeichen könnte, der Winter-Depression: Während der dunklen Monate stehen Gesellligkeit, Vereinstreffen, Glühweinabende, Bastelnachmittage, ganz obenan. Dann unternehmen sie die meisten Auslandsreisen, treffen sich in Geschäften oder Cafés in den Städten oder den Kneipen auf dem Land, wenn es die Straßenverhältnisse zulassen. Feste in dieser Zeit wie Silvester oder Þorrablót (s. S. 26) werden landesweit ausgelassen gefeiert.

Island – perfekte Kulisse

»Die größte Energiequelle der Erde ist der Mensch ...« Noch während eine sonore Stimme dies aus dem Off verkündet, rollt der Film ab: ein Mädchen, das in die Kamera lacht. Ein Reiter, der mit seinem Pferd ein Gewässer durchquert. Ein Wagemutiger, der sich von einem Felsen stürzt. Ein Rentner, der vor Freude tanzt, im Hintergrund ein gewaltiger Wasserfall, den alle Islandreisenden gut kennen – der Gullfoss. Schnitt: das Logo des Energiekonzerns wird eingeblendet.

O ja, die kleine Insel im Nordatlantik ist groß im Werbegeschäft. Ob Bosch-Zündkerzen, Toyota RAV Landcruiser und Daimler-Benz Cabriolet oder der Stromkonzern EON, ob Minisalami der »Schaft Fleischwerke Ansbach«, E-Plus »Time & More Minutenpakete« oder »Volksbanken/Raiffeisenbanken« – die Werbekreativen der beiden Partnerunternehmen Pan Arctica Productions (www.panarctica. com) und Pegasus Film (www. pegasus-pictures.com) nutzen Islands prächtige Natur als Kulisse für zahllose Fernseh- und Kinospots, aber auch Musikvideos und Modeshootings, hüten allerdings auch die Drehorte quasi als geheimes Geschäftskapital. Relativ leicht zugängliche Gletscher oder Geysire, rauchende Vulkanschlote, schroffe Vogelfelsen oder donnernde Wasserfälle – das zieht, und obwohl Pan Arctica erst 1997 gegründet wurde, umfasst die Referenzliste schon fast 40 TV-Clips für internationale Unternehmen. Auch Pegasus-Regisseur Reynir Lyngdal hatte 2003 Grund zur Freude, wurde sein »Thule-Bier«-Streifen doch in Cannes bei der »Cannes Rolle«, dem wichtigsten Werbefilmfest der Welt, für die Endrunde um den Grand Prix nominiert – und das unter gut 6000 Einsendungen.

Zudem haben internationale Filmproduktionsfirmen Gefallen an der Insel gefunden. Im Sommer 2000 wurden an der Gletscherlagune Jökulsárlón einige Szenen des Films »Lara Croft – Tomb Raider I« gedreht. In »Die Another Day«, dem James-Bond-Streifen von 2002, spielt die zugefrorene Gletscherlagune eine wichtige, gar dramatische Rolle. Der Filmheld prescht in einem Aston Martin V-12 Vanquish hinter dem Jaguar seines Widersachers Zao her – ein Showdown, der ganz sicher seinen Werbeeffekt nicht verfehlen wird.

Große und Kleine genießen jeden Sommersonnentag

Grillfreuden und Pferdestärken

Auch das Wochenende ist allen heilig, Freitag nachmittags verlassen alle gleichermaßen pünktlich Büros und Chefetagen in Reykjavík, um, zumindest im Sommer, Grillfreuden frönen zu können. Dass dabei der teuer erworbene, übergroße Hummer-Allradjeep zum Einsatz kommt, versteht sich von selbst ... Isländer lieben ihn fast genauso wie ihre Islandpferde. Apropos Pferd: Alle zwei Jahre, auf dem *Landsmót,* entdecken selbst fortschrittliche Städter die ganz traditionelle Liebe der Isländer zu den reinrassigen Vierbeinern wieder. Die Schau der besten Reiter und schönsten Island-Pferde ist auf der Insel ein Ereignis, das kaum jemand auslässt.

Sprichwörtlich ist auch das große Interesse an der Ahnenforschung. Nicht wenige Isländer glauben, irgendwo in Akureyri oder an den Ostfjorden so manchen sehr entfernten Verwandten über womöglich viele Jahrhunderte noch gar nicht aufgespürt zu haben.

Sprache als Bindeglied

Neugierig sind Isländer auch auf neue Bücher oder Zeitungen und natürlich das Internet – man stöbert dabei auch auf Websites, die im nordgermanischen Isländisch geschrieben sind – einer der ältesten Sprachen Europas.

Diese lebendige Sprachtradition seit der Zeit der Besiedlung als verbindendes gesellschaftliches Medium ist wieder so eine Besonderheit Islands. Schüler von heute können die berühmten Sagas (s. S. 24) noch im Original lesen, bei alt- oder mittelhochdeutschen Texten undenkbar. Um mit der Zeit zu gehen, schlägt das Institut für isländische Sprache der Universität Reykjavík in der Tagespresse Wortneuschöpfungen vor, ob nun für Röntgenbild oder Handy. Aus der öffentlichen Diskussion ergibt sich der offizielle neue Begriff. Doch wie überall auf der Welt werden amerikanischenglische Ausdrücke inzwischen auch auf Island immer gebräuchlicher.

❗ Angenehm für Reisende: Viele Isländer beherrschen recht gut Englisch, auch Deutschkenntnisse sind nicht so selten.

Familie ohne Heiratsurkunde

Kinder ja, Ehe nein – so lautet das Credo auf Island. Die Hochzeitsrate sinkt in allen Altersgruppen seit Jahren beständig und es gibt immer mehr »offene Familien« mit durchschnittlich 2 Kindern: Vier von fünf Babys – 2002 zählte man insgesamt 4048 Neugeborene – wachsen mittlerweile bei Eltern ohne Trauschein auf, vor allem in den städtischen Regionen. Denn dort sehen nicht nur Männer, sondern auch die Isländerinnen die Ehe ganz offenbar besonders häufig als überholt an. Mehr als zwei Drittel aller Isländerinnen sind in Teil- oder Vollzeitjobs tätig. Doch auch in den »offenen Familien« achtet man gleichzeitig auf Traditionen. So etwa bei der Namensgebung, die sich am skandinavischen Vaternamensrecht orientiert. Die Kinder bekommen den Vornamen des Vaters als Nachnamen mit der Endung, *-son* für Sohn oder *-dóttir* für Tochter.

Glaube an übernatürliche Kräfte

Obwohl sich fast alle Isländer zur christlichen Religion bekennen, glauben 9 von 10 Isländern, selbst Städter, an Elfen, Geister, Trolle und andere übernatürliche Wesen – wie schon in vorigen Jahrhunderten, als u. a. selbst Bischof Finnur Jónsson (1704–1789) von der Existenz von Elfenkönigen überzeugt war. Als der Verkehrsminister 1999 den Tunnel Hvalgöngür, der unter dem Hvalfjörður hindurch führt, dem örtlichen Troll widmete, handelte er sich allerdings eine Protestnote des evangelischen Bischofs Karl Sigurbjörnsson ein, weil er Christentum und Folklore vermischt habe.

Den alten nordischen Gottheiten wie Thor und Odin huldigen die schätzungsweise 300 Anhänger *der Ásatrúarfélag*. Der stark traditionsorientierte Asenglaube ist seit 1973 als offizielle Glaubensgemeinschaft anerkannt.

Landflucht

Reykjavík wirkt wie ein Magnet mit attraktiven Arbeitsplätzen. Doch nicht nur gut bezahlte Jobs locken Tag für Tag durchschnittlich vier Landbewohner in die Hauptstadt – die Ballung an weiterführenden Schulen, die University of Iceland, Glanz und Glamour der schicken Einkaufszeilen und feinen wie teuren Restaurants tun ihr Übriges. Ländliche Gebiete wie die Westfjorde, der Nordwesten oder der Osten leiden dagegen unter immensem Bevölkerungsschwund. Zahlreiche verlassene Häuser am Wegesrand zeugen vor allem an den Westfjorden von der Landflucht.

Wirtschaft und Umwelt

Islands Wirtschaft hat die weltweite Rezession vergleichsweise gut verkraftet. Für 2003 rechnete das Finanzministerium (isländisch: *Miniplenty)* wegen der Erholung im Exporthandel sowie steigender Staatsausgaben mit einem Anstieg des Wirtschaftswachstums auf 1,75 % – nach nur bescheidenen 0,25 % im Vorjahr. Einziges Sorgenkind scheint dem langfristigen Ausblick zufolge nur der nationale Arbeitsmarkt, trotz anziehender Konjuktur soll die Zahl der Beschäftigten nicht weiter steigen. Offenbar greifen hier Rationalisierungsmaßnahmen großer Unternehmen, z. B. in der Fisch

---

Steckbrief: Island in Zahlen

Bevölkerung: 288 201 Einw. (Dez. 2002)
Einwohner pro km²: 2,8 (Deutschland: ca. 230 Einw. pro km²)
Bevölkerungswachstum: 0,62 % (2002)
Lebenserwartung: 81,3 Jahre (Frauen), 76,4 Jahre (Männer)
Straßen: total: 12 378 km, davon befestigt: 3 070 km
Flughäfen: 84, international: 1
Gesamtfläche: ca. 103 125 km²

Längster Fluss: Þjórsá, 230 km
Größte Insel: Heimaey, Westmänner-Inseln, 13,4 km²
Höchster Berg: Hvannadalshnúkur im Oræfajökull-Massiv, 2119 m
größter Natursee: Þingvallavatn, 83 km²
höchster Wasserfall: Glymur, 190 m
Tageslicht (Reykjavík): Jan.: 4 Std., 40 Min., März: 10 Std., 16 Min., Juli: fast 21 Std., Okt. 10 Std., 36 Min.

Islands Fischer erwirtschaften einen hohen Anteil am Staatshaushalt

Dampfkraftwerk Krafla am Mývatn

verarbeitenden Industrie. Die Arbeitslosigkeit bewegt sich derzeit um die 4 %. Sollte die US-Regierung tatsächlich ihre Luftwaffenbasis in Keflavík schließen, würden etwa 900 Isländer ihren Job dort verlieren. Premierminister Oddsson denkt inzwischen über ein eigenes kleines Verteidigungsheer nach …

Die Fischereiwirtschaft wächst

Fisch ist seit jeher eine der Lieblingsspeisen der Isländer: 47 kg verzehrt jeder Einwohner der Insel rein statistisch pro Jahr, Tendenz: steigend. Ergo rüstet auch die bereits hoch technisierte isländische Fischereiwirtschaft weiter auf: zwischen 2001 und 2002 wuchs die Flotte um 19 Schiffe. Zwischen 1999 und 2002 erhöhte man auch die Menge des Gesamtfangs von 1 718 284 t auf 2 129 283 t, ein Plus von 23 % in nur drei Jahren.

Die Zahlen machen es deutlich: Island setzt weiter auf die Fischereiwirtschaft – und dies trotz der Gefahr durch Überfischung. Obwohl es Ende 2002 alarmierende Erhebungen der EU-Kommission gab, die ein Zusammenbrechen der Kabeljaubestände vermuten lassen und auch der Rotbarsch von der Überfischung bedroht ist, steigen gerade die Fangmengen bei beiden Arten beständig an – die vom Fischereiministerium festgelegten Quoten werden einfach ignoriert.

Schließlich bringt der Export in die USA, nach Japan, Großbritannien oder Portugal und Deutschland gutes Geld; die Preise steigen, weil auch die wichtigen Bestände vor Neufundland bereits erschöpft sind. Auch die Isländer müssen für ihren »Lieblingsfisch« wegen der Verknappung immer mehr bezahlen, sie kaufen nun gern Walfleisch (s. S. 45).

Fisch und Fischerzeugnisse werden zum Großteil ins Ausland verkauft. Keine Frage: die Exportindustrie ist für Island überlebenswichtig. Sie schafft nicht nur 30 000 Arbeitsplätze, sondern macht rund 35 % des Bruttosozialprodukts aus. Dank der großen Ernergieressourcen – Geothermalenergie und Wasserkraft – können Aluminium oder Eisensilizium günstig in großen Mengen aus australischen Rohstoffen produziert werden. Zwei weitere Schmelzwerke sind zurzeit in Planung, eines nahe Húsavík im Nordosten des Landes, ein zweites am Dimmugljufur (s. S. 16).

Die Grenzen des Wachstums

Längst sind hingegen in manchen Bereichen der Landwirtschaft die Grenzen des Wachstums erreicht. Ein Beispiel liefert die intensive Schafzucht, die letztlich zu Erosionsschäden auf vielen Weiden führte (vgl. S. 15), weswegen die Zahl der Schafe seit 1978 immer weiter reduziert wird. Auch für die Milchproduktion gelten mittlerweile Höchstmengen. Die isländischen Bauern setzen immer häufiger auf die Zucht von Geflügel, Schweinen oder Eiderenten, die wertvolle Federn liefern. Als lukrativ erweist sich auch die Pferdezucht – die robusten Islandpferde sind weltweit gefragt.

Mit über 300 000 Gästen aus aller Welt ist der Tourismus mittlerweile einer der wichtigsten Wirtschaftszweige Islands. Eigentlich erfreulich, doch die meisten Urlauber reisen zwischen Juni und August an. Engpässe bei Unterkünften und Mietwagen (s. S. 10 f.) sind vorprogrammiert, weswegen das isländische Fremdenverkehrsamt nun mit Werbekampagnen versucht, den Touristenstrom auf die Frühjahrs-, Herbst- oder Wintermonate zu lenken.

Hohes Preisniveau

Wie sagte Literatur-Nobelpreisträger Halldór Laxness einst so treffend? »Es ist grundsätzlich teuer, Isländer zu

---

Genprojekt – Quo Vadis?

An das Jahr 1999 erinnert sich Kári Stefánsson gerne. Damals träumte der Chef der Biotech-Firma De Code Genetics davon, aus sämtlichen genetischen und medizinischen Daten der 288 000 Isländer die Ursachen für Erbkrankheiten wie Alzheimer oder Schizophrenie herausfiltern zu können. Fürwahr ein riesiges wissenschaftliches Unterfangen, das nach Meinung Stefánssons aber auf einer einfachen Grundlage steht: Islands Bevölkerung ist wegen der isolierten Insellage genetisch ungewöhnlich homogen, also kaum von außen durch Zuzug beeinflusst.

Premier David Oddsson, ein Schulfreund Kári Stefánssons, ließ keinen Fototermin aus, wenn berühmte Wissenschaftler zu Besuch kamen. Konzerne wie der Schweizer Pharmariese Hoffmann-La Roche hofierten den damals 49-jährigen Neurologen, der in Harvard gearbeitet hatte, und sicherten ihm weit über 200 Mio US-$ Forschungsgelder zu. Die Spekulationswoge zur Jahrtausendwende trug den De-Code-Anteilsschein auf sagenhafte 65 US-$ – ein Vielfaches des Ausgabewerts.

Das alles war einmal. Zwar ist das Gen geknackt, das Schizophrenie auslösen kann, und auch bei der Erforschung der Ursachen des Knochenschwunds (Osteoporose) hat man große Fortschritte gemacht, doch dass von den rund 600 De-Code-Mitarbeitern mittlerweile mehr als die Hälfte entlassen wurden, hat seinen guten Grund. Die Börsenflaute hat den rechnerischen Wert des Unternehmens und damit die Kreditfähigkeit gegen Null schrumpfen lassen. Schon 2001, also zum Tiefststand der Aktienkurse, lag der Umsatz bei 31,6 Mio. US-$, der Verlust jedoch bei 47,8 Mio. US-$. Und auch die einstigen Geldgeber murren: Mag schon sein, dass man dieses oder jenes Gen als Ursache für eine Krankheit lokalisieren konnte, heißt es. Doch niemand weiß, wie man denn bitteschön auch die defekten Erbträger ersetzen oder wenigstens ausschalten könnte.

sein.« Wohl wahr. Den Einsparungen bei den Energiekosten – über 80 % der Häuser werden mit Erdwärme beheizt – und Verteidigungskosten – Island unterhält bislang kein Heer (s. S. 20) – stehen andere Ausgaben gegenüber: enorm hohe Summen für Importe. Autos, Computer, Telefone, technische Teile oder Werkzeuge, alles muss per Schiff oder Flugzeug eingeführt werden. Ebenso Lebensmittel: Orangen oder Mangos reifen in den Gewächshäusern von Hveragerði ebenso wenig wie Wein oder Reis. Der massive Export von Fisch und Fleisch hält selbst bei jenen Produkten die Preise hoch, die auf Island produziert werden. Zudem können Monopolisten wie z. B. die Getränkefirma Egils die Preise oft willkürlich festsetzen.

Staat und Politik

Nach den Parlamentswahlen vom 10. Mai 2003 ist David Oddsson von der Konservativen Partei trotz deutlicher Verluste dienstältester Premier Europas, er regiert seit 1991 (hat aber bald nach den Wahlen angekündigt, er werde im Sept. 2004 zurücktreten, dann soll Halldór Ásgrímsson sein Nachfolger werden). Dennoch: Islands politische Landschaft und parlamentarische Demokratie sind beständig.

Die Legislative, das *Alþing* mit seinen heute 63 Abgeordneten, hat schließlich schon eine Weile überdauert. Es ist, genau genommen, das älteste noch existierende demokratische Parlament der Welt, dessen Wurzeln in das Jahr 930 zurückreichen (s. S. 50). Nachdem im Mai 2000 die Amtszeit von Staatspräsident Ólafur Ragnar Grímsson ohne Wahl für weitere vier Jahre bis Mitte 2004 verlängert wurde, startete das Kabinett Oddsson unter stabilen Verhältnissen.

Geschichte im Überblick

Mitte 9. Jh. Der Norweger Hrafna Flóki gibt der Insel den Namen »Eisland«, wegen des harten Winters, der seine Siedlungspläne in den Westfjorden zunichte gemacht hatte.
874 Ingólfur Arnarson lässt sich in der Rauchbucht Reykjavík nieder.
930 Islands Bevölkerung ist auf gut 25 000 norwegische Wikinger angewachsen. Sie gründen das *Alþing* (Althing). Die ersten Sagas entstehen.
1000 Das teilweise gewaltsam eingeführte Christentum wird auf dem Althing angenommen. Leifur Eiríksson segelt nach Nordamerika.
1130 Ari der Gelehrte verfasst das *Íslendigabók Islands* über die Besiedelungs-Geschichte.
1179 Snorri Sturluson, Diplomat und Verfasser der »Snorra-Edda« und »Heimskringla«, wird geboren. Der norwegische König Haakon lässt ihn 1241 in Reykholt erschlagen. Kämpfe zwischen Häuptlingsfamilien erschüttern Island, die Sturlungen suchen den norwegischen König als Verbündeten.
1262 Ende des isländischen Freistaats, er unterwirft sich der norwegischen Krone, die ab 1380 an dänische Herrscher fällt.
1347–1404 Pestepidemien und ein heftiger Ausbruch der Hekla fordern viele Opfer. Gleichzeitig erlebt der Handel durch Verbindungen mit Deutschland und England einen Aufschwung.
1550 Der katholische Bischof Jón Arason wird auf Geheiß des Dänen-Königs Christian III. in Skálholt enthauptet. Damit hat sich die Reformation mit Gewalt durchgesetzt.

1602 König Christian IV. schränkt den Handel mit Island ein und vergibt an Kopenhagen, Malmö und Helsingør ein Monopol.

1662 Island wird in vier Wirtschaftsdistrikte aufgeteilt, die nur noch direkt mit Dänemark Handel treiben dürfen.

1800 Auf Befehl des dänischen Königs wird das Althing abgeschafft und erst am 8. März 1843 wieder eingesetzt, als die Unabhängigkeitsbewegung unter Jón Sigurdsson die Position der Dänen schwächen kann.

1854 Ende des dänischen Handelsmonopols.

1874 Das Althing darf zumindest innere Angelegenheiten Islands wieder selbst regeln.

1904 Die von Dänemark übergebene Verfassung gesteht Island die Selbstverwaltung zu. Zum ersten Minister wird Hannes Hafstein (1861–1922) gewählt.

1918 Der dänische König bleibt Staatsoberhaupt, aber durch eine Unionsakte wird Island ein souveräner Staat mit eigener Flagge.

1944 Per Volksabstimmung gibt sich Island den Status einer von Dänemark unabhängigen Republik, die am 17. Juni in Þingvellir ausgerufen wird.

1949 Island ist eines der Gründungsmitglieder der NATO.

1951 Schutzabkommen mit den USA, die einen Luftstützpunkt für ihre Marine in Keflavík errichten.

1952–76 Die schrittweise Ausdehnung der Fischereigrenzen auf schließlich 200 Seemeilen führt zu heftigen Konflikten mit anderen Fischerei-Nationen (»Kabeljaukriege«).

1955 Halldór Laxness erhält den Literatur-Nobelpreis.

1963 Südwestlich der Westmänner-Inseln entsteht die Vulkaninsel Surtsey.

1970 Island wird Mitglied in der Europäischen Freihandelszone EFTA.

1973 Dramatischer Vulkanausbruch auf Heimaey (Westmänner-Inseln).

1980 Vigdís Finnbogadóttir wird als erste demokratisch gewählte Frau Europas Staatspräsidentin Islands (bis 1996).

1986 Das Gipfeltreffen von US-Präsident Reagan und dem sowjetischen Regierungschef Michail Gorbatschow in Reykjavík ebnet den Weg zum Ende des Kalten Kriegs.

1992 Island verlässt die Internationale Walfangkommission, tritt ihr aber 2001 wieder bei.

1996 Ein Vulkanausbruch unter dem Vatnajökull verursacht eine Sturzflut, die einige Brücken und gut 8 km der Ringstraße im Süden der Insel fortspült.

1999 Lehrplan-Reform: Englisch löst Dänisch als erste Pflicht-Fremdsprache ab Klasse 5 ab.

Mai 2000 Ástthór Magnússon muss seine Bewerbung um die Staatspräsidentschaft mangels Rückhalt zurückziehen. Ólafur Ragnar Grímsson kann ohne Wahl eine weitere Periode amtieren.

Mai 2003 Islands Regierungschef David Oddsson geht trotz starker Stimmenverluste seiner konservativen Partei als Sieger der Parlamentswahl hervor.

2003 Trotz internationaler Proteste nimmt Island am 17. Aug. den Fang von Walen zu wissenschaftlichen Zwecken auf und kündigt an, ab 2006 möglicherweise auch kommerziellen Walfang zu betreiben.

Sagas, Songs und Surrealismus

Literatur

Sein Titel steht in Island wie in Mitteleuropa auf den Top-Seller-Listen und wurde 2002 zum »besten nordeuropäischen Kriminalroman des Jahres« gekürt. Die Rede ist von »Nordermoor«, benannt nach einem Reykjavíker Stadtteil, und geschrieben von Arnaldur Indridason, einem der großen Nachwuchs-Autoren Islands. 2004 erscheint auch sein neuestes Buch »Todeshauch« auf dem deutschsprachigen Markt (beide Titel Bastei Lübbe Taschenbuch). Seit 2003 ist auch Stella Blomkvists Island-Krimi »Die Bronzestatue« ein Erfolg (btb bei Goldmann), und Hallgrímur Helgasons Kommödie »Reykjavík 101« (Klett-Cotta, 2002) machte ein Hauptstadtviertel populär. Keine Frage: Die Verlage haben nach Skandinavien nun auch Island als Lesestoff-Lieferanten (und Kulisse) entdeckt.

Regen, Wind, lange, dunkle Wintermonate und Einsamkeit – das sind nicht nur die Zutaten für gute Krimis, sondern auch für Islands große und lange Erzähltradition. Sofort denkt man an die »Edda« mit 35 Helden- und Götterliedern – zwischen 800 und 1200 verfasst. Und natürlich an die *Íslendingasögur,* die Sagas – übrigens die erste mittelalterliche Prosaliteratur, die in einer eigenen Landessprache niedergeschrieben wurde. Dass die »Edda« nicht nur die einzige Quelle für Glauben, Lebens- und Weltbild der Nordmänner darstellt, sondern zahllose Künstler inspiriert hat, macht sie literaturgeschichtlich so wichtig – Richard Wagner griff z. B. den Stoff vom Aufstieg und Fall der nordischen

Götterwelt in seinem »Ring der Nibelungen« auf. Und mit den Sagas, dem »Gesagten« über das Leben und Leiden isländischer Bauern und ihrer Familien, begann man, Begebenheiten zu Romanen zu verdichten. Nach der schöpferischsten Epoche im 13. Jh. wurden die Themen der Sagas in Reimform (Skalden) zu Liedern und blieben neben der geistlichen Literatur Islands stets lebendig. In den Jahrhunderten der norwegisch-dänischen Herrschaft (1264–1918) traten Autoren und Dichter der Insel nicht über die nationale Bedeutung hinaus.

Große Erzählkunst brachte dann Islands wichtigstem Autoren der Neuzeit, Halldór Kiljan Laxness, 1955 den Literatur-Nobelpreis für seinen Roman »Atomstation« (1948). Der Marxist (1902–1998) ist auch vielen Lesern aus Mitteleuropa bekannt durch Romane wie »Am Gletscher« (1968), »Das Fischkonzert« (1957) und »Das wiedergefundene Paradies« (1960) oder etliche Verfilmungen.

Die Werke von Laxness erscheinen im Göttinger Steidl-Verlag in diversen Ausgaben.

Theater und Film

Ganz gleich, ob es das prächtig renovierte alte Idnó-Theater am Tjönin-See, das Stadttheater oder das Nationaltheater in Reykjavík oder das Stadttheater in Akureyri ist – überall das gleiche Bild: die Säle sind voll. Als der Komödienautor Sigurður Pétersson (1759–1827) die Basis für öffentliches Theater legte, schätzte er seine Landsleute richtig ein. Acht von zehn Isländern besuchen heute mindestens einmal jährlich eine der über 800 Theateraufführungen – doch die sind häufig in Isländisch, wenden sich also an heimisches Publikum. Sehr viel internationaler ausgerichtet ist seit einiger Zeit der Film. Der Trickfilm »101 Reykjavik« (2001), ein einfühlsames Milieuporträt und Regiedebüt von Baltasar Kormákurs, war auch hierzulande ein Erfolg. Ende 2003 stellte sich Newcomer Dagur Kári mit seinem dramatischer ausgerichteten Erstlingswerk »Nói Albinói« dem deutschsprachigen Kinopublikum vor und Ragnar Bragason präsentierte gleichzeitig seinen Debütfilm »Fiasko«. Positives internationales Aufsehen erregte Lars von Triers tragischer Film »Dancer in the Dark« (2000), in dem Islands Starsängerin Björk eine leicht verschrobene, erblindende Arbeiterin mimt. Björk Guðmundsdóttir bekam dafür in Cannes die Goldene Palme.

Wichtigster isländischer Filmemacher ist hingegen Friðrik Thór Friðriksson, der in Streifen wie »Angel of the Universe« (2000) oder »Kinder der Natur« (1991) viel Lebensgefühl in einen klaren, schlichten Dialog- und Bildstil packt. Bedeutend ist auch Regisseur Ágúst Guðmundsson – er verfilmte 1988 die Kinderserie »Nonni und Manni« auf der Grundlage von Jón Sveinssons berühmten Jugendbüchern fürs Fernsehen.

Musik

Ein bisschen schräg, dann wieder rockig, bunt gemixt – so präsentiert sich Islands Unterhaltungsmusik, die man international mit großen Namen wie Björk, den weltweit gefeierten Rockbands GusGus, Sigur Rós oder Mezzoforte verbindet. Schon werkeln viele Nachwuchsbands in Reykjavík mit Namen wie »Toy Machine« oder »Quarashi« an einer neuen Erfolgsstory. Für Furore sorgte die gebürtige Isländerin und Popsängerin Andrea

Werke des modernen Malers Helgi Þorgils Friðjónssons wurden schon in Deutschland gezeigt

Torrioni mit »Gollums Song« in dem Film »Herr der Ringe II«.

»Rimur. Icelandic Chants«, so heißt eine Sammlung alter isländischer Volkslieder gemixt mit australischen Didgeridoo-Klängen und irischen Harfentönen, die Steindór Andersen im Juni 2003 (bei Naxos World) veröffentlichte – und die sich weltweit außerordentlich gut verkauft.

Schon lange haben die vielen isländischen Chöre und Gesangvereine, die meist zwischen 1700 und 1900 entstanden, vertonte bäuerlich-romantische »Reime« aus der Feder von Jón Sigurosson (1853–1922), Jón S. Bergmann (1874–1927) oder Pfarrer Hannes Bjarnason (1776–1838) entdeckt.

Wem dies noch zu wenig isländisch erscheinen mag, der halte in Reykjavík Ausschau, ob nicht eines der Werke von Jón Leifs (1899–1968) wie z. B. die »Saga-Symphonie« aufgeführt wird – er ist der wichtigste isländische Komponist außerhalb der Unterhaltungssparte überhaupt und schuf melodisch-ungestüme Klangwelten.

Tipp In die Welt isländischer Musik entführt die reichhaltige Website www.musik.is/English.html

Bildende Kunst

Nordische Mythologie und die schroffen, bisweilen aber auch versöhnlich geschwungenen Konturen der isländischen Landschaften prägten Islands bildende Kunst, die sich, viele Jahrhunderte isoliert von Europa, teilweise losgelöst von Kunstepochen entwickeln konnte. Als Wegbereiter der Landschaftsmalerei gilt Ásgrímur Jónsson (1876–1956), der stimmungsvolle, impressionistische Aquarelle schuf. Stark unter dem Eindruck der »Edda« stand Einar Jónsson (1874–1954), Islands erster bedeutender Bildhauer. Der Maler Svavar Guðnarson (1909 bis 1988) brachte Ende der 1930er Jahre aus Paris den Kubismus mit. Islands berühmtester Bildhauer Ásmundur Sveinsson (1893–1982) griff später in seinen Werken gerne auf diese quaderförmige Darstellungsweise zurück. Die Künstlergruppe SÚM um Guðmundur Guðmundsson (auch: Erró) arbeitete ab Mitte der 1960er Jahre daran, die darstellende Kunst hin zu einer surrealistischen Pop-Art zu führen. Seither sind es die bunten, abstrakten oder verfremdenden Elemente, für die sich Islands Nachwuchs-Kreative wie die Maler Helgi Þorgils Friðjónsson (geb. 1953) oder Jón Óskar begeistern können.

Feste und Festivals

24. Januar – 23. Februar: Þorrablót zur Austreibung des Wintergottes Þorri mit traditionellen Þorrablót-Essen in den Familien und Gasthäusern (Lamm-, Trockenfischgerichte).

24. April: Erster Sommertag: Fest in Reykjavík mit Umzügen und Blasmusik.

Mai: Reykjavík Art Festival: Zweiwöchiges Kunstfestival (von 2004 an jährlich, www.artfest.is).

Juni: Tag der isländischen Seemänner: Musik und Geschicklichkeitswettbewerbe im Hafen von Reykjavík (erstes Wochenende, 2004: 5. und 6. Juni); **Unabhängigkeitstag** (17. Juni): Straßenparaden, Openair-Konzerte.

Juni/Juli: Landsmót (alle zwei Jahre), Treffen der besten Reiter und Pferdezüchter der Insel, internationale Reitwettbewerbe, an wechselnden Orten (2004: 29. Juni–4. Juli in Hella, www.landsmot.is).

August: Gay Pride: bunte Parade der Schwulen und Lesben, Reykjavík (zweites Wochenende: 2004: 6. und 7. Aug., www.this.is/gaypride); **Reykjavík Cultural Night** Kulturnacht der Hauptstadt (an einem Sa Mitte oder Ende Aug.).

September: Réttir: Schafabtrieb den ganzen Monat hindurch.

Oktober: Iceland Airwaves: Großes Festival der isländischen Nachwuchsbands mit Auftritten von Pop- und Rockgrößen aus Europa und den USA, Anfang des Monats in Reykjavík (www.icelandairwaves. com); **Festival der Nachwuchskünstler** (www.hitthusid.is) Mitte des Monats in Reykjavík.

Anfang November: Reykjavík Jazz Festival (www.reykjavikjazz.com).

Das isländische Fremdenverkehrsamt (s. S. 100) informiert über weitere lokale Feste und Veranstaltungen, die v. a. in den Sommermonaten stattfinden.

Essen und Trinken

Delikates aus dem Meer

Islands kulinarisches Angebot ist quasi zweigeteilt: Auf dem Land wird die heiße Liebe der Isländer zu Hot Dog *(plysur)*, Pommes Frites *(franskar)* mit Mayonnaise und Pizza, Currywurst sowie anderem Fast Food deutlich, das längst die traditionelle Küche überholt hat und vor allem in Restaurantketten wie z. B. »Pizza 24« und »Subway« oder an Tankstellen täglich zwischen ca. 8 und 23 Uhr serviert wird. Zumindest in der Hauptstadt, in Akureyri oder anderen Zentren mit über ca. 5000 Einwohnern kommen nicht nur die vergleichsweise wenigen Lebensmittel, die im Land selbst produziert werden, in exzellenter Qualität auf die Teller: Lamm- und Hammelfleisch, Schellfisch, Dorsch oder Heilbutt und, zwischen Mai und September, hervorragender, frisch gefangener Wildlachs. In vielen Restaurants der Städte werden längst Köstlichkeiten aus vielen Ländern der Welt angeboten.

Da Essen im Restaurant die Urlaubskasse arg strapaziert, bieten sehr viele Gaststätten im ganzen Land nicht nur günstigere Mittagsmenüs (meist ab ca. 12 Uhr, ca. 1200 ISK), sondern auch spezielle Abendessen (meist ab ca. 18 Uhr, ca. 2000 ISK) unter dem Etikett »Tourist Menu« an. Für Kinder gibt es nochmals abgestufte Rabatte.

Gourmets in der Hauptstadt

Das seit 2002 in Reykjavíks Top-Restaurants wie dem Einar Ben (s. S. 43) jährlich im März ausgerichtete Gourmet-Treffen »Island Naturally Food and Fun Festival« soll die Leistungsfähigkeit isländischer Köche im Vergleich mit den angereisten Maîtres aus aller Welt unter Beweis stellen. Denn die nördlichste Hauptstadt Europas hat sich in den letzten Jahren als erstklassige Adresse für Feinschmecker einen Namen gemacht. Doch sobald man die Stadt verlässt, fällt das Niveau deutlich ab; es gibt nur noch wenige Feinschmecker-Adressen wie das Hotel Búðir (s. S. 92) außerhalb.

Traditionsküche auf dem Land

Die vielen Fast Food-Restaurants können schnell eintönig werden. Abwechslung schaffen überwiegend Hotel-Restaurants. Die dort eher vertretene traditionsorientierte Küche bietet manches, was auch Mitteleuropäern mundet. So etwa der Frischkäse *Skyr,* daneben frisch geräuchertes Lamm oder, als Variante, *Saltkjöt,* gesalzenes Lammfilet, das man kalt oder warm essen kann. Mit etwas Glück findet man ein vergleichsweise festes Roggenbrot, als kleinen Snack auch *Súrmjolk,* Sauermilch oder herrlich frische Heringe, teilweise in süßer Marinade. Klassische Spezialitäten der isländischen Traditionsküche sind streng nach Ammoniak riechender *Hákarl* (fermentierter Hai) oder *Svið,* halbierte und gebackene Lammköpfe.

Teils wird auch Pferdefleisch gegessen. Im September und Oktober, wenn die Schafe geschlachtet werden, kommen Schafswürste *(Slátur)* ins Angebot, darunter sehr viel Blut- *(blóðmör)* und Leberwurst *(lifrarpylsa)*.

Getränke

Das nach Meinung vieler beste Getränk gibt es umsonst und draußen: frisches Quellwasser, das meistens so rein ist, dass es zur Herstellung von Mineralwasser verwendet und sogar ins Ausland exportiert wird.

Tipp Testen Sie das Angebot mit Marken wie z. B. Akva, Ice Blue, Iceland Spring oder Natural Icelandic Mineral Water.

Säfte, verschiedene Limonaden – auch kalorienarme – und Milch sind in den meisten Geschäften oder Supermärkten günstig zu haben.

Gepflegt wird auch eine Kaffeekultur, die sogar Kenner überraschen mag – wer hätte so hoch im Norden Espressobars wie die Filialen der Kaffeehauskette Kaffitár erwartet? Selbst auf dem Land schenkt man zum traditionellen Nachmittagskaffee gegen 16 Uhr einen frischen, feinen Filterkaffee aus; in vielen Tankstellencafeterias wird zum Preis einer Tasse ein- oder mehrfach nachgefüllt.

Island-Urlauber mit einem Faible für Hochprozentiges sollten sich eher im Duty Free-Bereich des Flughafens eindecken als in den 26 staatlichen ATVR-Alkohol-Monopol-Läden – Alkohol ist nämlich auf Island extrem teuer. Das gilt gleichermaßen für das einheimische helle Bier (Viking, Egils), das zwar von guter Qualität ist, aber nur in Gaststätten mit Schanklizenz oder in den ATVR-Läden verkauft wird.

Island aktiv

Naturerkundungen und -erlebnisse in fast jeder Form und Outdoor-Sportarten dominieren die riesige Auswahl an unterschiedlichsten Aktivangeboten für einen Islandurlaub. Neben Spezialanbietern haben vielfach auch Hotels und Verkehrsunternehmen eigene Programme.

Walbeobachtung

Für viele Island-Urlauber ist es das größte Erlebnis – einmal die mächtige Schwanzflosse eines Buckelwals, einen Zwergwal oder einen Schwertwal auftauchen zu sehen. Auch Schweinswale und Delfine sind dann und wann bei den Fahrten zu sehen, die zumeist in einer Gruppengröße von etwa 50 Personen stattfinden.

i Touren gibt es in der Beobachtungssaison, die ungefähr von Mai–Sept. reicht, ab Reykjavík (s. Special S. 10 f.) und etlichen weiteren Orten, z. B.

▪ ab Keflavík mit **Moby Dick,** Háteigur 6, 230 Keflavík, Tel. 421 7777, Fax 421 3361, www.dolphin.is, 3-stündige Fahrten April–Okt. tgl. 9.30 Uhr, Juli/Aug. auch 13 Uhr;

▪ ab Hafnarfjörður mit **Huni II,** Skerseyrarvegur 2, 220 Hafnarfjörður, Tel. 894 1388 oder 868 2886, Fax 555 2758, hunill@simnet.is, Mai–Sept. tgl. 10 Uhr;

▪ ab Ólafsvík (Snæfellsnes) mit **Sæferðir ehf.,** Smiðustíg 3, 340 Stykkishólmur, Tel. 438 1450, Fax 438 1050, www.saeferdir.is, www.islandia.is/~eyjaferdir, Ende Mai–Ende Aug. tgl. 10 Uhr.

▪ ab Húsavík mit **Norður Sigling/North Sailing,** Gamla Bauk,

Der Skaftafellsjökull im Skaftafell Nationalpark ist Teil des ungeheuren Vatnajökull

640 Husavík, Tel. 464 2350, Fax 464 2351, www.northsailing.is, Mai–Sept. bis zu 4 Fahrten tgl., hier ist sogar ein lautloses Segelboot im Einsatz.

Auf Schusters Rappen

Island ist ein Wanderparadies, doch weil es nur in den Nationalparks markierte Wege gibt, sollte man unbedingt einen Kompass und gute Detailkarten (s. Special S. 10 f.) mitnehmen und niemals alleine losziehen. Die Temperatur der Flüsse, die es zu durchwaten gilt, steigt auch im Sommer nicht über 4 °C – wobei der niedrigste Wasserstand (z. B. wegen der Schneeschmelze auf den Gletschern) oft am frühen Vormittag erreicht wird. Die beiden isländischen Wandervereine geben nicht nur gute Tipps, sondern führen auch selbst sehr gute organisierte Wanderungen durch.

Ferðafélag Íslands, Mörkin 6, 108 Reykjavík, Tel. 568 2533, Fax 568 2535, www.fi.is, und

Útivist, Laugavegi 178, 105 Reykjavík, Tel. 562 1000, Fax 562 1001, www.utivist.is

Daneben gibt es auch organisierte Wanderungen, bei denen fachkundige Guides Kenntnisse über die Geologie der Insel vermitteln. Spezielle Vogelkunde-Wanderungen richten sich an wissenschaftlich ausgerichtete Ornithologen wie auch an interessierte Laien. Derlei Angebote mit deutsch sprechenden Führern gibt es bei:

Erlingsson Naturreisen Island, Tjarnargata 4, 101 Reykjavík, Tel. 551 9700 oder 894 1703, Fax 551 9703, www.naturreisen.is, Info-Telefon in Deutschland (Mo–Fr 10–16 Uhr): Tel. 0 77 21/40 83 28.

Mit Jeeps und Superjeeps

Die meisten Jeepsafaris führen zu Orten, die man mit einem gewöhnlichen Auto kaum erreicht, etwa das Þórsmörk-Tal oder das farbenfrohe Landmannalaugar (dorthin im Sommer auch Linienbusse). An Bord sind

Sogar im Winter bahnen sich Superjeeps den Weg ins Hochland

in der Regel Gruppen von mindestens zwei bis drei und maximal acht Reisenden. Am Anfang mag man noch den Atem anhalten, doch wenn die ersten reißenden Flüsse oder tiefen Furchen scheinbar mühelos überwunden sind, sinkt der Puls auch wieder. Sehr gute Touren ab Reykjavík gibt es bei

■ **Mountaineers of Iceland,** Siðumúli 8, 108 Reykjavík, Tel. 581 3800, Fax 581 3810, www.mountaineers.is

Radfahren

Wer Island mit dem Fahrrad erkunden möchte, sollte vor allem auf Hochland-pisten ein stabiles 28-Zoll-Tourenrad – besser noch 26-Zoll-Rad – oder ein Mountain Bike wählen. Unterschiedlich lange geführte Radtouren bietet:

■ **Blue Biking,** Stekkjarhvammur 60, 220 Hafnarfjörður, Tel./Fax 565 2089 oder Tel. 865 2803, bluebiking@ simnet.is, http://frontpage.simnet.is/ bluebiking

 The Icelandic Mountainbike Club, P.O. Box 5193, 125 Reykjavik, Tel./Fax 562 0099, www.mmedia.is/ifhk/tourist.htm. Gibt wertvolle Tipps im Vorfeld und nennt Verleihadressen.

Reittouren

Weil selbst absolute Anfänger im trab-ähnlichen Tölt oder dem schnelleren Pass, den beiden Spezial-Gangarten der Islandpferde, sehr ruhig im Sattel sitzen können, ist ein Reit-Erlebnis auch für Ungeübte ohne großen Lernaufwand garantiert (vgl. auch S. 55), zumal die meisten der deutsch oder englisch sprechenden Begleiter sehr erfahren sind.

Wer seine eigene Ausrüstung für Reitferien auf einem der vielen Reiter- und Bauernhöfe mitbringen möchte, muss beachten, dass z. B. Zaumzeug aus Leder nicht eingeführt werden darf und für übriges Zubehör eine Desinfektion vorgeschrieben ist. Besser: die Reitsachen auf dem jeweiligen Gut ausleihen. Die Liste der Anbieter ist lang, unter anderen gehören dazu:

■ **Zentrum Íshestar,** Sörlaskeiði 26, 220 Hafnarfjörður, Tel. 555 7000, Fax 555 7001, www.ishestar.is. Im Süden, kurze einfache Ausritte und tagelange Wanderritte.

■ **Gæðinga Tours,** Útnyrðingsstaðir, 701 Egilsstaðir, Tel./Fax 471 1727, www.gaedingatours.is. Im Osten, z. B. mehrstündige Touren.

■ **Hestasport Activity Tours,** Pósthólf 75, IS-560 Varmahlið, Tel. 453 8383, Fax 453 8384, www.riding.is. Im Norden, vor allem Programme für erfahrene Reiter.

Tipp Ausgezeichnete Infos rund um die zuverlässigen Islandpferde vermittelt die Site www.icehorse.com

Special Interest-Angebote

Hobby-Fotografen, aber auch Profis können z.B. eine Foto-Reise buchen, die sie zu herrlichen Motiven führt. Golf-Enthusiasten lernen bei einer 10-

Island per Bike ist ein besonderes Landschaftserlebnis wie hier am Mývatn

tägigen Verwöhn-Reise nicht nur die über 40 Plätze des Landes kennen, sondern auch besondere Restaurants. Für Wellness-Fans gibt es eigens zusammengestellte Programme bei:

▎ **Isafold Travel,** Suðurhraun 2 B, 210 Garðabær, Tel. 544 8866, Fax 544 8869, www.isafoldtravel.is.

▎ **Öræfaferðir,** Hofsnes, 785 Öræfi, Tel. 478 2382 oder 854 0894, Fax 478 1682, www.hofsnes.com. Bietet Ganzjahres-Skitouren auf den höchsten Berg Islands, den Hvannadalshnúkur (2119 m) südlich des Skaftafell-Nationalparks.

Island zum Wohlfühlen

Reine Luft, glasklares Wasser, Thermalquellen machen Island zu einem Wohlfühlparadies par excellence. Der Wellness-Urlaub wird immer wichtiger – weswegen das bekannte Heil- und Thermalbad Blaue Lagune (s. S. 42) in jüngster Zeit zunehmend mehr Konkurrenz bekommt. So bietet das im April 2003 eröffnete Viersterne-und Designerhotel Nordica (s. S. 43) ein fast 1000 m² großes Wohlfühl-Areal. Weitere Adressen sind:

▎ **Baðhúsið,** Brautarholti 20, 105 Reykjavík, Tel: 561 5100, Fax 561 5101, www.badhusid.is. Die frühere Miss World Linda Pétursdóttir eröffnete 1994 dieses erfolgreiche Wellness-Zentrum mit Schönheitsfarm nur für Frauen.

▎ **Mecca Spa,** Hagatorg, IS-107 Reykjavík, Tel. 564 1011 und 511 6410, www.meccaspa.is. Das moderne Wellness-Center gibt es seit Sommer 2003 im Radisson SAS Hotel Saga. Auch wenn man nicht Gast des Hauses ist, kann man sich hier mit Massagen auf heißen Lavabänken oder Ayurveda-Anwendungen verwöhnen lassen, in der Sauna oder im Kräuterdampfbad schwitzen oder in Whirlpools relaxen.

▎ **NLFÍ Health Clinic,** Grænumörk 10, 810 Hveragerði, Tel. 483 0300, Fax 483 320, www.hnlfi.is. Ganzheitlich ausgerichtete Kuren und Wellness-Angebote wie z. B. Kräuter- und Schlammbäder, Lymphdrainagen, verschiedene Massagen, Entspannungsübungen u. a. kombiniert man hier mit einer eiweiß-, obst- und gemüsereichen Küche. Nichthausgäste bekommen nur nachmittags Termine für Schlammanwendungen.

Unterkunft

Alle Unterkünfte, die an der Komfort-Klassifikation durch das isländische Fremdenverkehrsamt teilnehmen, erkennt man am blau-roten Symbol in Eingangsnähe, das die Zahl der Sterne (5 für Superluxus) angibt. Unterkünfte konzentrieren sich vor allem auf Reykjavík und die Orte entlang der Ringstraße, im Landesinneren, insbesondere im Hochland, muss man oftmals ein Zelt mitnehmen.

Hotels und Pensionen

Die meisten der etwa 300 Häuser findet man in den größeren Gemeinden und Städten – und oft unter dem Namen von Ketten, wie etwa Icelandair Hotels (www.icehotel.is) oder Radisson (www.radissonsas.com). Die breite Mittelklasse bilden die ca. zehn Fosshótels (www.fosshotel.is) und die vier Keyhotels. In den ländlichen Regionen gibt es rund 15 Edda-Hotels (www.hoteledda.is); Sommer-Unterkünfte in Schulen oder Internaten zählen meist zur unteren Mittelklasse.

Die Hotelpreise sind hoch: ein EZ/Dusche kann 5500–18700 ISK für ein DZ mit Dusche ab 7700 ISK kosten. Pensionen vermieten ein Zimmer für ca. 5500 ISK pro Nacht.

Tipp Wer Hotelpässe bzw. -voucher (z. B. von Fosshótels) wählt, um bei den Übernachtungen zu sparen, riskiert in der Hochsaison ausgebuchte Häuser vorzufinden. Rabatte für Zimmerpreise werden oft in Kombination mit bestimmten Flügen gewährt. Besonders günstig sind Schlafsackplätze: ganz einfache (Mehrbett-)Zimmer, die auch Unterkünfte gehobener Kategorien gesondert anbieten.

i Die Website des Isländischen Fremdenverkehrsamt führt eine umfangreiche Datenbank (in Englisch) mit Unterkünften aller Art unter www.icetourist.de/uebernachtung/index.phtml. Ein gedrucktes Verzeichnis ist beim Isländischen Fremdenverkehrsamt (s. S. 100) erhältlich.

Auf dem Bauernhof

Aufenthalt mit Familienanschluss – wie übrigens auch bei den vielen Pensionen und Gästehäusern – bedeuten Ferien auf einem der 120 Bauernhöfe, angeboten von der landesweiten Kette **Icelandic Farm Holidays (IFH).** Oft kann man reiten, am Pferde- oder Schafabtrieb teilnehmen oder mit den Hofbesitzern zum Angeln fahren.

i **IFH,** Síðumúli 13, 108 Reykjavík, Tel. 570 2700, Fax 570 2799, www.farmholidays.is

Jugend- und Familienherbergen, Berghütten

In allen Landesteilen bieten die derzeit 24 **Herbergen,** die allen offen stehen, Küchen für Selbstversorger und spezielle Familienzimmer zu vergleichsweise niedrigen Preisen in Höhe von ca. 1600 ISK pro Nacht (Nichtmitglieder plus 300 ISK). Hier sollte man für Juni bis September besonders weit im Voraus buchen.

i **Icelandic Youth Hotel Association,** Sundlaugarvegur 34, 105 Reykjavík, Tel. 553 8110, Fax 588 9201, www.hostel.is

Plätze in den sehr einfachen **Berghütten** muss man im Sommer bei den Wandervereinen (s. S. 29) vorausbu-

Zelte gibt es sogar zu leihen

Reisewege und Verkehrsmittel

Anreise

Per Flugzeug

Mehrere Airlines fliegen zurzeit von Mitteleuropa (Frankfurt) aus für Preise zwischen 350 und knapp 900 € nach Island (ab Frankfurt ca. 3 Std. 20 Min.). Das dichteste Linienflugnetz unterhält Icelandair. Ganzjährig gibt es Flüge u. a. ab Hamburg, Frankfurt, Amsterdam oder Kopenhagen. Im Sommer 2004 sollen weitere Verbindungen ab Berlin, München und Zürich dazukommen. Icelandair offeriert oftmals erheblich reduzierte Discount-Tickets nach New York mit beliebig langem Stopp in Island.

i **Icelandair,** Roßmarkt 10, 60311 Frankfurt/M., Tel. 0 69/29 99 78, Fax 28 38 72, www.icelandair.de.

chen. Nur in echten Notfällen darf man die Notunterkünfte mit den orangeroten Dächern nutzen, Missbrauch ist strafbar! Mehrere Berghütten im Hochland (s. S. 85 ff.) betreut der

❚ **Touring Club of Akureyri,** Strandgata 23, 600 Akureyri, Tel. 462 2720, Fax 462 7240, www.ffa.est.is

Ab Spätwinter bis Spätherbst unterhält die SAS (www.scandinavian.net) regelmäßige Linienflüge ab Kopenhagen nach Island. Die Charter-Airline LTU hebt im Sommer ab München und Düsseldorf in Richtung Keflavík und ab Düsseldorf in Richtung Egilsstaðir ab. Ab/bis London und Kopenhagen kann man auch mit der Billigfluglinie Iceland Express fliegen. Preisbeispiel, gültig für August 2004 (bei entsprechender Vorausbuchung): London–Keflavík und retour ab 92 €. Wer telefonisch bucht statt übers Internet, bezahlt 1500 ISK mehr.

Campingplätze

Islands rund 125 Plätze sind zwischen Juni bis spätestens Mitte September bewirtschaftet, dann zahlt man ca. 1200 ISK pro Nacht. Eine Campingbroschüre erhält man bei den Touristeninformationen. Wanderern oder Radtouristen ist es gegebenenfalls auch gestattet, in freier Natur zu zelten, wobei das Einverständnis des jeweiligen Landbesitzers eingeholt werden sollte, wenn man in Sichtweite zeltet.

Ferienwohnungen

Auch in Island wird diese Unterkunftsart immer beliebter, aber das Angebot ist noch eher klein.

i **Katla Travel,** Bürkleinstr. 20, 80538 München, Tel. 089/24 21 12-0, Fax: 24 21 12-20, www.katla-travel.is bietet über 60 Häuser bzw. Ferienwohnungen.

i **Iceland Express,** Suðurlandsbraut 24, 108 Reykjavík, Tel. 550 0650, Fax 550 0651, www.icelandexpress.com

Die Ringstraße ist die Nr. 1

Tipp Viel günstiger fliegt, wer Last Minute bucht (frühestens 14 Tage vor Abflug) und bei ausgebuchten Hotels bereit ist, zu zelten. Infos z. B. bei L'Tur unter www.ltur.de

Mit der Fähre

Maximal-Komfort bietet die 2003 in Dienst gestellte »Norröna«. 1482 Passagiere und 800 Pkw passen auf das Schiff, das seit Januar 2004 ganzjährig jeden Sa im dänischen Hanstholm ablegt. Von Mai bis September bedingt die Überfahrt nach Seyðisfjörður (Ankunft Do) zwei Übernachtungen in Tórshavn (Faröer-Inseln). Im Winterhalbjahr steuert das Schiff auch Bergen (Norwegen) und Lerwick (Shetlands) an, ist aber schon Di in Island.

Tipp Zeitweise bietet die Smyril-Reederei verbilligte Autopakete an, die die Kosten (ab ca. 620 € pro Person in der Hauptsaison inkl. Pkw) um ca. 30–40 % senken.

i **Smyril-Line Deutschland,** J. A. Reinecke Agentur, Jersbeker Str. 12, 22941 Bargteheide, Tel. 0 45 32/65 19, Fax 2 41 43, www.JAReinecke.de

! Fahrer von Dieselfahrzeugen müssen bei der Einreise eine Extra-Steuer bezahlen, die sich nach der Größe des Fahrzeugs und der Aufenthaltsdauer richtet. Informationen dazu gibt das Fremdenverkehrsamt (s. S. 100) oder das Isländische Zolldirektorat (E-Mail: tollstjori@tollur.is).

Unterwegs in Island

Mit Mietwagen

Die Stationen der Car Center am Flughafen Keflavík sind im Sommer auch bei später Ankunft der Flüge noch besetzt. Es ist sehr ratsam, wegen der teuren Taxifahrt bzw. langen Reise mit dem Transferbus nach Reykjavík, einen Mietwagen oder ein Wohnmobil ggf. ab und bis Keflavík zu reservieren. Bei Allradwagen sollte die Ausstattung (Ersatzrad, Werkzeug, Kühlerdichtmittel, Abschleppkette, Fußpumpe für Reifen) immer geprüft werden, vor allem, wenn man einsame Hochland-Tracks befahren will.

Die meisten Mietwagenfirmen verlangen den nationalen Führerschein und ein Mindestalter des Fahrers von 21 Jahren, für Allradwagen von 25 Jahren sowie eine Kaution auf Kreditkarte. Bei Preisen und Leistungen sollte man genau vergleichen.

Beim Autofahren auf Island (s. auch Special S. 10 f.) braucht man Konzentration, das Netz an Tankstellen ist insgesamt ausreichend dicht (Verkehrsregeln s. S. 101).

Per Linienbus

Ein sehr gut ausgebautes Busnetz deckt vor allem im Sommer fast alle bewohnten Teile der Insel und das Hochland ab. Vergleichsweise günstig sind Buspässe von Destination Island/BSÍ-Travel. Im Angebot findet sich ein Rundreise-Pass (*Hringmiði*) für 242 € ohne und 359 € inklusive Westfjorde, der von Mitte Mai bis Ende September mit vorgegebener

Unterwegs Richtung Vatnajökull – so manche Straße bietet ein grandioses Panorama

Richtung gilt, ferner ein Omnibuspass *(Tímamiði)*, der unbegrenzte Fahrten in beliebiger Richtung ermöglicht (Zuschläge für Hochland) und für 1 Woche ab ca. 266, für zwei Wochen ab ca. 386 € kostet (Preise für 2004).

Mit Küstenfähren

Die Inseln vor der Küste Islands wie z. B. Grímsey oder die Westmänner-Inseln sind durch regelmäßige und sehr pünktliche Fährdienste angebunden. Ab Ende September werden die Verbindungen eingeschränkt, im Winter wegen des Wetters teilweise ganz eingestellt.

Inlandsflüge

Sehr ratsam ist es, evtl. Inlandsflüge z. B. mit Air Iceland oder Íslandsflug schon von Mitteleuropa aus zu reservieren, denn die Isländer reisen aus Zeitgründen sehr gerne per Flugzeug. Die Piloten zählen übrigens zu den besten der Welt – was ihnen bei den instabilen isländischen Wetterverhältnissen ganz sicher zugute kommt. Dennoch kann das Wetter manchmal dazu zwingen, Flüge zu streichen.

Erhebliche Rabatte räumen **Flugpässe** ein, die Sie im Heimatland, jedoch nicht innerhalb Islands kaufen können. Bei Air Iceland gibt es z. B. das Netz-Ticket »Fly as you please«, das 12 Tage unbegrenztes Fliegen auf allen Inlandrouten ermöglicht und ca. 427 € kostet.

Ferner gibt es einen 30-Tages-Pass mit vier, fünf oder sechs ermäßigten Flugbons, die auf dem ganzen Netz gelten (ab ca. 175 €). Íslandsflug bietet den Sektor-Pass an, der wahlweise zwei oder vier Ziele innerhalb des Netzes abdeckt, ferner, in Kombination mit der Busgesellschaft BSÍ-Travel, einen Flug-Buspass, den »Air-Bus Rover«.

i **Air Iceland,** Reykjavík Airport, 101 Reykjavík, Tel. 570 3030, Fax 570 3001, www.airiceland.is
❚ **Íslandsflug,** Reykjavík Airport, 101 Reykjavík, Tel. 570 8090, Fax 570 8091 und Hlidasmari 15, 201 Kópavogur, Tel. 570 8030, Fax 570 8031, 24 Stunden-Tel. 570 8082, www.islandsflug.is
❚ **Destination Island** (BSÍ-Travel, Come-2-Iceland DMC, Iceland Safari Travel), Vatnsmýrarvegur 10, 101 Reykjavík, Tel. 591 1020, Fax 591 1050, www.bsi.is, www.dice.is

*Reykjavík

Die nördlichste Hauptstadt der Welt

Seite 38

Sie ist Sitz vieler Museen, Gourmet-Restaurants, vieler Künstler, vieler Theater ebenso wie sämtlicher wichtigen Behörden Islands – und Islands wichtigster Wirtschaftsstandort. Sie ist, mit glitzernden Shoppingzeilen und schicken, trendigen Bars, ein Magnet für die Landjugend und für fast alle Touristen Anfangs- und Zielpunkt der Island-Reise. Mit dem Slogan »Wo Kultur und Natur aufeinander treffen« wirbt Islands Hauptstadt um Besucher – aber muss sie das überhaupt?

Doch, ein bisschen Werbung um Islandreisende, die vor allem kommen, um die Natur zu erleben, braucht Reykjavík (ca. 111 000 Einw.). Wer sich Islands Kapitale von Keflavík aus nähert, mag die drei- und vierstöckigen, grauen Blockbauten, die abrupt aus den umliegenden Lavafeldern aufragen, die breiten, ruhigen Vorstadtstraßen und das karge Grün in den Gärten eher als abweisend empfinden. Doch fast dörflich erscheinen im kompakten Stadtkern die überschaubaren, sauber gefegten Innenstadt-Straßen nordwestlich der Hallgrímskirche. Mit internationalem Schick fesseln die Auslagen der Designerboutiquen des Laugavegur, trendig und beliebt sind die Bars, Clubs und Bistros in der angrenzenden Austurstræti. Nicht zuletzt kann sich auch das Festivalprogramm (s. S. 26) durchaus sehen lassen. Genau das macht den Reiz Reykjavíks aus: seine Facetten reichen von kosmopolitischem Großstadtgepräge bis zu freundlichem Inselcharme.

Himmelstürmend: die Hallgrímskirkja

Geschichte

Die Gründung Reykjavíks geht auf den ersten dauerhaften Siedler, den Wikinger Ingólfur Arnarson zurück. Er wollte 870 nach altem Brauch die Götter über seinen neuen Wonhort entscheiden lassen und warf die Säulen seines Hochsitzes – als Symbol der alten Heimat – über Bord. Wo sie antrieben, wollte er siedeln – man fand die Säulen erst drei Jahre später an einem Ort mit vielen dampfenden heißen Quellen und Schlammlöchern, dem Laugardalur östlich der heutigen Altstadt. Arnarson benannte die Bucht Reykjavík, Rauchbucht.

1786 erhielt die kleine Handelsstation die Stadtrechte und 1800 tagte erstmals das Alþing im Ort, dessen wirtschaftlicher Aufschwung unter anderem dank besserer Verkehrsverbindungen um die Wende vom 19. zum 20. Jh. begann. Gleichzeitig schnellte die Zahl der Einwohner sprunghaft in die Höhe, heute leben im Großraum Reykjavík rund 175 000 Menschen.

Kompakte Innenstadt

Reykjavíks Atmosphäre erspürt man am besten bei einem Bummel in der Innenstadt, die in einigen Bereichen zur Fußgängerzone umgestaltet ist.

Blick über Reykjavíks bunte Häuser Richtung Nordosten

Seite 38

Als Weg ins Zentrum bieten sich z. B. der **Laugavegur** mit seiner Verlängerung, der **Bankastræti,** an. Beide sind ein gutes Shoppingrevier für klassisch-isländische Wollpullis, originelle Kleidung, CDs, Bücher und vieles mehr.

Sehr ungewöhnliche Mode gibt es z. B. bei **Spakmannsspjarir** (Bankastræti 11). Eine gute Auswahl an Büchern über Island (meistens in Englisch) findet man bei **Mál og Menning** (Laugavegur 18).

Wohl weltweit einzigartig ist das **Penismuseum** *(Reðasafn)* mit einer Sammlung von 100 Tierphalli (Laugavegur 24, Mai–Aug. Di–Sa 14–17, sonst Do–Sa 14–17 Uhr).

Die ****Austurstræti ❶**, mit ihren zahlreichen Bistros und Bars (s. S. 44) wandelt sich vor allem in lauen Sommernächten samstags zur Open Air-Partymeile.

Um **Aðalstræti,** die 1762 befestigte, älteste Straße Reykjavíks, deren Namen einfach »Hauptstraße« bedeutet, gruppieren sich hübsche historische Häuser, an der Ecke zur Hafnarstræti

etwa das 1850 gebaute rote **Falkenhaus ❷**, in dem die isländischen Jagdfalken des dänischen Königs gehalten wurden. Heute ist dort ein Souvenirshop untergebracht. Eine Anlaufstelle für alle Neuankömmlinge ist Reykjavíks Touristeninformation im Haus Nr. 2 (vgl. S. 42).

Als eine der wenigen Straßen in Reykjavík verläuft die **Vesturgata** recht kurvig, denn hier befand sich der Küstensaum, ehe man um 1913 herum mit der Aufschüttung des Geländes begann. Im **Hafenhaus ❸** kann man sich mit dem Werk des isländischen Malers Erró befassen (Tryggvagata 17, tgl. 10–17 Uhr, Eintrittkarten gelten am gleichen Tag auch für die Besichtigung von Kjarvalsstaðir und Ásmundarsafn, www.listasafnreykjavikur.is). Einen herrlichen Blick genießt man von den großen Panoramafenstern in der Cafeteria sowie der Bücherei des Hafnarhusið auf die Schiffe im Hafen und auf die quirligen Straßen der Innenstadt.

Nicht weit ist es vom Hafenhaus zum **Hvalstoðin-Walcenter** (s. Special S. 10 f.), wo man Beobachtungsfahrten buchen kann.

Wochenends lohnt ein Besuch des Alten Zollgebäudes am Hafen – es ist Schauplatz des bunten Flohmarkts **Kolaportið** (Geirsgata und Tryggvagata 19, Sa/So 11–17 Uhr).

Seite 38

Wer mittelalterliche Manuskripte der Sagas oder der Edda im Original sehen möchte, sollte das nahe Kulturhaus **Þjóðmenningarhús** (Hverfisgata 15, tgl. 11–17 Uhr) aufsuchen.

Neben dem unscheinbaren weißen **Parlamentsgebäude** wacht die Lutherische **Domkirkja,** die 1796 gebaut wurde, nachdem der Bischofssitz von Skálholt nach Reykjavík verlegt worden war. Sehr viel neuzeitlicher zeigt sich das 1992 eingeweihte, wegen seiner postmodernen Architektur umstrittene **Rathaus ❹** (Mo–Fr 8–19, Sa/So 12–18 Uhr). Im Souterrain gibt eine ca. 5x5 m große Reliefkarte der Insel einen hervorragenden Überblick über Gletscher, Täler, Vulkane, Fjorde und auch das Straßennetz von Island.

Das Rathaus grenzt an den idyllischen ***Tjörnin-See** – übrigens ein Vogelschutzgebiet. Mitten in der Stadt brüten Stockenten und Küstenseeschwalben, dümpeln die seltenen Eiderenten oder, im Winter, die nicht minder raren Singschwäne auf den Wasser.

Sigurjón-Ólafsson-Museum
Sæbraut
Sundlaugarvegur
Laugardalslaug
Laugardalur Park
Botanischer Garten
Sudurlandsbraut
Reykjavík Zoo
Family Garden
Miklabraut
Árbæjarsafn →

An der Südwestseite des Sees kann man in dem voraussichtlich im Mai 2004 nach kompletter Renovierung wieder eröffneten ***Nationalmuseum ❺** (Pjódminjasafn Íslands) Exponate sehen, die bis zur Zeit der ersten Besiedelung reichen und die Kulturgeschichte des Landes dokumentieren (Di–So 10–17 Uhr, www.natmus.is).

Im ****Listasafn Íslands ❻**, der Nationalen Kunstgalerie, sind Werke bekannter Maler wie Ásgrímur Jónsson in Dauer-Ausstellungen vertreten. Daneben gibt es wechselnde Schauen mit Nachwuchs-Malern und Bildhauern oder Installations-Kreativen wie Svava Björnsdóttir, die allerlei Phantasieformen in bunte Kartonagen- und Papier-Bauwerke hineinzaubern kann (Di–So 11–17 Uhr, www.listasafn.is).

Nur wenige Schritte von hier zeigt das private Red Rock Cinema die **Vulcano Show** (s. Special S. 6 f.).

In Richtung Osten

Ásgrímur Jónssons farbenfrohe, impressionistische Stadtansichten von Reykjavík und andere Gemälde wirken inspirierend – wer Lust darauf hat, weitere Bilder des Malers dort zu sehen, wo sie entstanden sind – in seinem Studio – sollte einen Besuch der

❶ Austurstræti
❷ Falkenhaus
❸ Hafenhaus
❹ Rathaus
❺ Nationalmuseum
❻ Listasafn Íslands
❼ Ásgrímur Jónsson-Sammlung
❽ Hallgrímskirkja
❾ Náttúrufræðistofnun
❿ Kjarvalsstaðir
⓫ Höfði
⓬ Ásmundarsafn
⓭ Perlan

Seite 38

Seite 38

*Ásgrímur Jónsson-Sammlung ❼ anmelden (Vereinbarung: Tel. 515 9600).

Der Bau der hoch emporragenden **Hallgrímskirkja ❽ begann 1937, doch erst 1974, nach Lösung bautechnischer und finanzieller Probleme, konnten der Turm und die Kirchenflügel fertig gestellt werden, das Hauptschiff wurde sogar erst 1986 geweiht. Die Form der Kirche soll die isländische Landschaft widerspiegeln: die Außenfassade z. B. die Basaltsäulen der Steilküste, das schneeweiße Interieur das Eis der Gletscher. Benannt ist sie nach dem Pastor und Rímur-Dichter Hallgrímur Petersson (vgl. S. 24). Vom 73 m hohen Turm hat man einen fabelhaften Blick über die gesamte Stadt, an klaren Tagen bis hinüber zum schneebedeckten Snæfellsjökull (Turm und Kirche tgl. 9–18 Uhr).

Ein Intensivkurs über Flora und Fauna der Insel bietet das lehrreiche **Náttúrufrædistofnun ❾**, das Museum der Naturhistorischen Gesellschaft (Mai–Aug. So, Di, Do und Sa 13 bis 17 Uhr, Winter: 13.30–16 Uhr).

Islands Landschaften bannte Jóhannes S. Kjarval auf Leinwand, das Werk dieses berühmtesten Malers des Landes im 20. Jh. zeigt das Kunstmuseum Reykjavík im **Kjarvalsstaðir ❿** (tgl. 10–17 Uhr).

Um die von einem Neubau bedrängte Jugendstilvilla **Höfdi ⓫** rankt sich eine Legende: Hier soll der Geist Móri sogar während des Gipfel-Treffens zwischen Michail Gorbatschow und Ronald Reagan 1986 gespukt und Telefon- sowie Faxverbindungen gestört haben. Ob Mori wohl heute noch Gäste der Stadt im offiziellen Empfangshaus irritiert? (Besichtigung nur nach Absprache: Tel. 563 200.)

Verschiedene Installationen reihen sich entlang der Hafenpromenade **Sæbraut** auf, so etwa auf einer kleinen Landzunge das stählerne, gut 15 m lange Wikingerschiff Sólfar des zeitgenössischen Reykjavíker Künstlers Jón Gunnar Árnason, mit dem an die mutigen Entdeckungsfahrten der Nordleute erinnert werden soll.

Ins Laugardalur

Ein Brand im August 2002 beschädigte das *Ásmundarsafn ⓬, das Ásmundur Sveinsson Skulpturen-Museum, schwer, doch es ist bereits weitgehend renoviert und der Besuch lohnt schon wegen der vermutlich eigenwilligsten Gebäude ganz Islands: zwei oben gekappte Pyramidensockel aus Quadersteinen rahmen den Ausstel-

Park-Nöte

Reykjavík mag sich durch seine Dörflichkeit von vielen Großstädten unterscheiden – in einem Punkt zieht es mit anderen Metropolen gleich: Legale Abstellmöglichkeiten fürs Auto sind in der Innenstadt recht rar und mit knapp 150 ISK (2 €) pro Stunde nicht billig. Ein Knöllchen riskieren? Bei einer Strafe von umgerechnet rund 26 € sollte man das lieber nicht. Also: Entweder bleibt das Auto gleich vor dem Hotel stehen – Reykjavík kann man wunderbar zu Fuß oder per Bus erkunden – oder man weicht auf zentrumsnahe Parkmöglichkeiten aus: In der Tryggvagata gibt es einen großen, kostenlosen Parkplatz, der vor allem am Wochenende wegen des Kolaportið-Flohmarkts oft belegt ist. Auch südwestlich des Tjörnin, am Nationalmuseum, gibt es ein Gratis-Parkareal.

lungtrakt ein, den eine großen Kuppel überdacht. Man würde es kaum für möglich halten, dass das futuristisch wirkende Ensemble schon 1942 konzipiert wurde. Hier hatte der 1982 verstorbene Künstler sein Studio untergebracht. Den hübschen Skulpturengarten mit mehr als 30 seiner Werke hat Sveinsson ebenfalls selbst geplant. (Di–So 13.30–16 Uhr, Winter: auf Anfrage, Tel. 551 364).

Perlan mit dem künstlichen Geysir

Etwas östlicher ließ 1929 ein vermögender Einwohner namens Eiríkur Hjartson im Laugardalur die ersten Bäume pflanzen. 1955 erwarb die Stadt das Gelände und baute es zum **Botanischen Garten** *(Grasgarður)* aus, wo heute mehr als 300 Pflanzenarten gedeihen und der mit seinem Streichelzoo auch für Kinder interessant ist (tgl. 10–18, Winter 10–17 Uhr).

Tipp Eintrittsgelder sparen Sie mit der **Reykjavík Tourist Card:** Sie gestattet für 1, 2 oder 3 Tage (1200, 1700 oder 2200 ISK) freien Eintritt in viele Museen, die Thermalbäder, den Familien- und Tierpark, aber auch kostenlose Busbenutzung. Die Karten gibt es z. B. bei der Tourist-Info.

Kurzausflüge

Von der Aussichtsterrasse der **Perlan** ⑬ kann man an klaren Tagen einen grandiosen Blick auf die Stadt, das Meer und die Hügelkette der Mosfellsheiði genießen. Dieses Heizkraftwerk auf einem Hügel speichert in seinen Tanks gut 24 Mio. l Heißwasser und versorgt die ganze Hauptstadt mit geothermischer Wärme. Das erklärt, warum es auf den Häusern fast keine rauchenden Schornsteine gibt.

Im Foyer der Perle stellen gelegentlich verschiedene Künstler ihre Bilder oder Kunsthandwerk aus, das Panora-

ma-Restaurant (s. S. 44) serviert exzellente Küche. Zudem zeigt das in der Perlan untergebrachte moderne Saga Museum multimedial die wichtigsten Stationen der langen Geschichte Islands (tgl. 10–18 Uhr).

Kein Island-Besuch ohne ein heißes Bad unter freiem Himmel. Islands einziger Meeresstrand bei Nauthólsvík (s. Special S. 6 f.) südlich von Perlan ist etwas Besonderes.

Eine der schönsten Schwimmstätten in Reykjavík bietet ein 50 m-Becken, vier bis zu 44 °C heiße Hot Pots und eine große Wasserrutsche sowie Massage-Service: **Laugardalslaug,** gleich beim Botanischen Garten (Tel. 553 4039, Buslinie 5).

Ein tolles Bad ist auch **Árbæjarlaug** im Elliðaár-Tal (Fylkisvegur 110, Südost-Reykjavík, Tel. 567 3933, Buslinien 7, 10 und 110). Neben einem Becken mit Massagedüsen, Mini-Geysiren und Wasserspeiern gibt es dort eine Riesen-Rutsche und einen überdachten Wellness-Bereich mit Dampfbad und Solarium.

Attraktiv ist auch das Freilichtmuseum ****Árbæjasafn** im Stadtteil Árbær: Um die gleichnamige Farm aus dem Jahre 1464 wurde ein kleines Dorf herum gebaut, zum Teil aus Torfhäusern, in denen das Leben vergangener Tage nachgestellt wird, so bei Folklore-Tanzshows oder Goldschmiede-

Seite 38

Die Blaue Lagune zählt zu den Besuchermagneten Islands

Demonstrationen (Kistuhyl 4, Mo 11 bis 16, Di–Fr 9–17, Sa/So 10–18 Uhr, im Winter auf Anfrage, Tel. 577 1111).

Weitere Tipps für Ausflüge und Aktivitäten in bzw. ab Reykjavík vgl. Specials S. 6 f., 10 f. und S. 28 ff.

Die **Blaue Lagune

Wohl spätestens kurz vor dem Heimflug wird ein Besuch in Islands berühmtestem Badeparadies bei Grindavík (s. Karte S. 55) auf dem Programm stehen. Erst nutzt ein Geothermalkraftwerk die örtlichen Thermalquellen zur Energieerzeugung, dann speist es das heiße Wasser in die moderne Anlage der *Bláa Lónið*. Zu jeder Jahreszeit kann man im großen Außenbereich im gut 40 °C warmen Nass baden. Algen und Kieselschlamm verleihen dem Wasser zudem Heilkraft. Für perfektes Wohlgefühl sorgen das attraktive Ambiente, kostenlos verteilte Schönheitscremes, Dampfbad und Sauna im Innenbereich sowie ein großes Restaurant (Mai–Aug. tgl. 9–21, sonst 10–20 Uhr, www.bluelagoon.is, tgl. mehrere Busverbindungen ab Reykjavík, s. auch Special S.10 f.).

Infos

Reykjavík Complete, Aðalstræti 2, Tel. 590 1500, Fax 590 1501; www.visitreykjavik.is, www.tourist.reykjavik.is, Sommer: tgl. 8.30–19, Winter: Mo–Fr 9–17, Sa/So 10–14Uhr. Guter Rundum-Service.

▮ **Tourist Info,** Raðhús Reykjavíkur, Tjarnagata 11, Tel. 563 2005, Sommer: Mo–Fr 8.20–16.30, Sa 12–18, So 9–14, Winter: Mo–Fr 8.20–16.30 Uhr.

Flugverbindungen: Der **Leifur Eiríksson Airport** in Keflavík liegt ca. 35 km südwestlich von Reykjavík, Tel. 425 0600, www.keflavikairport.com. Vom Flughafen fahren der Flybus, Busse der Linie 22 und Taxis in die Stadt. Bustickets für den Flybus gibt es an der Touristeninformation im Flughafengebäude.
Inlandsflüge gehen zum und ab dem **Reykjavík Airport** südlich der Altstadt, Tel. 569 4100, Anreise mit dem Taxi.

Busverbindungen: Stadtbusse (www.bus.is) fahren werktags ab 7, So und Feiertags ab 10 Uhr in Abständen von ca. 20 bis 30 Min. bis Mitternacht; Sa und So fahren Nachtbusse bis 4 Uhr. Das Netz ist relativ dicht; die besten Sightseeing-Möglichkeiten bieten die Linien 5, 7 und 110. Große Umsteige-Stationen sind Hlemmur und Lækjartorg. Zwischen dem 20. Juni und 30. August verkehrt zwischen den wichtigsten Museen ein Shuttledienst. Abfahrt tgl. außer Mo ab Lækjargata 13, 14, 15 und 16 Uhr, Tickets in der Tourist Info oder im Bus erhältlich. Die gesamte Rundtour dauert 50 Min.

Fernbusse in alle Landesteile verkehren ab dem BSÍ-Terminal, Vatnsmýrarvegur 10, Tel. 552 2300.

Seite
38

Borg, Pósthússtræti 11, 121 Reykjavík, Tel. 551 1440, Fax 551 1420, www.hotelborg.is. Das 1930 erbaute Luxushotel im Zentrum schwelgt im Art déco – selbst die Einzelzimmer sind mit Liebe zum Detail eingerichtet. ○○○

▮ **Holt,** Bergstaðastræti 37, 101 Reykjavík, Tel. 552 5700, Fax: 562 3025, www.holt.is. Etwas antiquiertes Grandhotel der Relais & Chateaux-Kette; alle Zimmer zieren Landschaftsgemälde isländischer Maler. Das Restaurant gehört zu den besten der Stadt. ○○○

▮ **Nordica,** Suðurlandsbraut 2, 108 Reykjavík, Tel. 444 5000, Fax 444 5001, www.icehotel.is. Das ehemalige Esja-Hotel östlich des Zentrums wurde komplett umgebaut und in ein schickes Designerhotel verwandelt, das zu den Icelandair-Häusern gehört. (s. auch S. 31). ○○○

▮ **City Hotel,** Ránargata 4a, 101 Reykjavík, Tel. 511 1155, Fax: 552 9040, cityhotel@islandia.is. Klein, hell, freundlich und familiär. Zudem zentral gelegen. ○○

▮ **Luna Hótel Apartments,** Spítalastíg 1, 101 Reykjavík, Tel. 511 2800, Fax: 511 2801, www.luna.is. Braun und

weiß – diese Farben dominieren nicht nur an der Fassade, sondern auch das Interieur der sechs gepflegten Apartments nahe der Ingolfsstræti. ○○

▮ **Öld,** Njálsgata 65, 101 Reykjavík, Tel. 552 6299, Fax: 552 6462, www.travelnet.is/old/main.htm. Das karminrote, familiär geführte Hotel in Zentrumsnähe ist kaum zu übersehen. Am gemütlichsten sind die Zimmer mit den Dachgauben. ○○

▮ **Baldursbrá,** Laufásvegur 41, 101 Reykjavík, Tel. 552 6646, Fax 562 6647, http://notendur. centrum.is/~heijfis. Eine gute Adresse: acht schöne Zimmer, Whirlpool auf der Terrasse und freundliche, deutschsprachige Betreuung. ○○

▮ **Dúna,** Suðurhlíð 35d, 105 Reykjavík, Tel. 588 2100, Fax: 588 2102, www. islandia.is/duna. Dieses ganzjährig geöffnete Gästehaus bietet vergleichsweise große, zweckmäßig eingerichtete Zimmer mit Etagenbädern, aber auch Schlafsackunterkünfte. ○

▮ **Hólmfríður,** Skólavörðustíg 16, 101 Reykjavik, Tel./Fax: 562 5482, holmfridur@holmfridur.is. Toller Blick über die Stadt, gemütliches Gästehaus, Mai–Ende Dez. geöffnet. ○

▮ **Youth Hostel,** Sundlaugavegur 34, 105 Reykjavík, Tel. 553 8110, Fax 588 9201, www.hostel.is. Ganzjährig geöffnete Jugendherberge mit 160 Betten im Laugardalur. Gute Busverbindungen in die Innenstadt. ○

Einar Ben, Veltusundi 1, Tel. 511 5090, Di–So Dinner. Top-Gourmet-Lokal für Prominenz und Polit-Größen mit Interieur im viktorianischen Stil. ○○○

▮ **Gallery Restaurant** im Hotel Holt (s. o.), tgl. nur Dinner. Schwere Möbel, doch herrlich leichte Gourmetküche und die wohl beste Weinkarte der ganzen Insel. Hier speisen vor allem Gourmet-Touristen. ○○○

Seite 38

Reykjavík hat eine lebendige Szene

❚ **Humarhusid**, Amtmannsstígur 1, Tel. 561 3303, tgl. nur Dinner. Exzellente Fischgerichte in urigem Ambiente, bei Einheimischen beliebt. ○○○

❚ **Perlan**, Öskjuhlid, Tel. 562 0200, tgl. Dinner. Hier werden bei stilvollromantischem Candlelight-Dinner mit Blick auf das Lichtermeer der Stadt so manche Ehe- und Liebesschwüre gehaucht. ○○○

❚ **Apótek Bar & Grill**, Austurstræti 16, Tel. 575 7900, tgl. Lunch und Dinner. Ein Szene-Treff, gelungene Mischung aus Jugendstil, Art déco und Postmoderne. Bistro. ○○

❚ **Austur Indíafjelagid**, Hverfisgata 56, Tel. 552 1630, tgl. Dinner. Indische Spezialitäten und scharfe Currys hoch im Norden. ○○

❚ **Eldsmidjan**, Braggagata 38a, Tel. 562 3838 tgl. Lunch und Dinner. Richtig gute Traditions-Pizzeria seit 1986. ○○

❚ **Lækjarbrekka**, Bankastræti 2, Tel. 551 4430, tgl. Lunch und Dinner. Hier genießen auch Reykjavíks Feinschmecker viele isländische Spezialitäten und Köstlichkeiten. ○○

❚ **Tapasbarinn**, Vesturgötu 3 b, Tel. 551 23 44, tgl. Lunch und Dinner. Sehr angesagt bei der Jeunesse dorée der Stadt: eine Mischung aus libanesischer und spanischer Küche. Der Trend-Drink dazu: Fresita Erdbeersekt. ○–○○

🎁 Das **Shopping-Center Smaralind** in Reykjavíks südlicher Nachbarstadt Kópavogur, Hagasmári 1, vereint auf einer Fläche von 63 000 m² rund 70 Geschäfte aller Art. Erreichbar mit den Bussen 16, 17, 18 und 114, Mo–Fr 11–19, Sa 11–18, So 13–18 Uhr.

❚ Anlaufstation für Shopaholics sind auch die mehr als 150 Geschäfte, Cafés oder Restaurants in der **Kringlan Mall**, Kringlan 8–12/Listabraut, erreichbar mit allen Bussen, Mo–Do 10–18.30, Fr bis 19, Sa 10–18 Uhr. Hier gibt es alles zu kaufen – von teuren Pelzen über Karten und Stadtpläne, Outdoor-Artikeln oder Sportbedarf bis hin zu Juwelen.

🌙 **Noræna Húsid,** Sturlugata 5, Tel. 551 7030. Bietet das ganze Jahr über Klassik-Konzerte.

❚ **Sommertheater (Ferdaleikhúsid),** Baldursgata 37 (am Tjörnin), Tel. 551 9181. Mitte Juni bis Ende Aug. werden zwei- bis dreimal wöchentlich Szenen aus Islands Geschichte und Literatur in Englisch gespielt (fragen Sie an der Kasse nach der deutschen Übersetzung).

❚ **The Dubliner**, Hafnarstræti 4, Tel. 511 3233. Irlandfeeling in Island: irische Musik bei Guinness vom Fass.

❚ **Pravda,** Austurstræti 22, Tel. 552 9222. Absolute Trend-Disko mit 20 bis 30 Jahre altem Publikum.

❚ **Skuggabarinn,** Pósthússtræti 11, Tel. 551 1440. Angesagtes Café, das sich abends in eine Disko für 25- bis 35-Jährige verwandelt.

❚ **Gaukur á Stong,** Tryggvagata 22, Tel. 551 1556, www.gaukurinn.is. Großer Musik- und Tanzklub, tolle Wochenendpartys.

Der Walfang sorgt für Wirbel

Mitten in der Nacht ist die Crew der »Njörđur« auf den Beinen. Begleitet von einem Blitzlichtgewitter der Pressefotografen aus aller Welt läuft das Schiff aus, dessen Namen an Njörđur, den nordischen Gott der Seefahrt und Fischerei erinnert. Das ist keine Nacht wie jede andere für die Fischer – denn an diesem 17. August 2003 soll, nach 14 Jahren, wieder ein Wal in isländischen Gewässern getötet werden.

Man müsse »die Essgewohnheiten der Meeressäuger mit Blick auf die Fischbestände rund um Island« erforschen – so hatte Fischereiminister Árni M. Mathiesen im Juni 2003 bei einer Tagung der Internationalen Walfang-Kommission in Berlin den Wiedereinstieg Islands in den so genannten wissenschaftlichen Walfang begründet. Anfang August stand fest: Bis Ende Oktober sollten 38 Zwergwale, im Jahre 2004, einer Empfehlung des isländischen Meeresforschungsinstituts zufolge, schätzungsweise 250 Zwerg- und 200 Finnwale harpuniert werden.

Ein Aufschrei der Empörung folgt prompt. Großbritanniens Fischereiminister Ben Bradshaw ruft die Verbraucher zum Boykott isländischer Waren auf; im Fischereiministerium in Reykjavík treffen gemeinsame Protestnoten von 23 Ländern, darunter auch Deutschland, Österreich und die Schweiz, ein und auch bei den Reiseveranstaltern stehen die Telefone nicht mehr still – ganze Gruppen stornieren ihre Island-Urlaube. Die Umweltschutzorganisation Greenpeace schickt ihr Flaggschiff »Rainbow Warrior« in isländische Gewässer; der Empfang in Reykjavík fällt naturgemäß frostig aus.

Doch auch auf der Insel regt sich Widerstand. Ásbjörn Björgvinsson, Vorsitzender der Vereinigung der Walbeobachtungs-Industrie, erinnert das Fischereiministerium daran, dass jährlich mehr als 60 000 Touristen auf Kleinbooten ausfahren, um die riesigen Meeressäuger live zu erleben – und dafür gutes Geld bezahlen. Genauer: Die Walbeobachtungs-Unternehmen in Island erwirtschaften einen Umsatz von rund 8 Mio. € – er könne, so Björgvinsson, die »Wiederaufnahme des Walfangs nicht hinnehmen«.

Alle Mahnungen blieben vergebens; bis zum 1. Oktober 2003 wurden 36 Zwergwale erlegt. Das Fleisch findet in den Supermärkten von Reykjavík reißenden Absatz – und Umfragen zeigen, dass sich mehr als zwei Drittel der Isländer für die Aufnahme des kommerziellen Walfangs aussprechen, die frühestens 2006 erfolgen kann. Im isländischen Fernsehen bringt Konráđ Eggertsson, Kapitän des Walfängers »Halldór Sigurdsson«, die Meinung der kleinen Nation auf den Punkt, die sich zu Unrecht gescholten sieht: »Die isländische Öffentlichkeit ist wohl informiert. Wir lassen uns nicht irre machen von all dem Unsinn, der da verbreitet wird.«

Seite 38

*Akureyri

Die »Perle des Nordens«

Seite 48

So nennen Isländer diese Stadt, die nur noch 95 km vom Polarkreis trennen. Und dennoch scheint Akureyri begünstigt, denn im Schutz der umliegenden hohen Berge ist das Wetter vor allem im Sommer oft wärmer und auch freundlicher als im ca. 390 km entfernten Reykjavík. Die guten Einkaufs- und Unterkunftsmöglichkeiten und vielen Sehenswürdigkeiten machen die Stadt (15 000 Einw.) zu einem wichtigen Touristenzentrum an der Ringstraße und die abwechslungsreiche Landschaft erhöht den Reiz. Oft ziert Schnee die bis zu 1400 m hohen Berge ringsum, und wenn die Sonne aus einem vom Föhn blitzblank gefegten Himmel die Sitzplätze der Cafés in der Hafnarstræti bestrahlt, könnte man sich schon fast wie an einem der oberitalienischen Seen fühlen.

Geschichte

Schon im 9. Jh. erkannte Helgi der Magere die günstigen klimatischen Bedingungen am Eyafjörður, der hier gute 50 km ins Land hineinreicht. Bald entwickelte sich die kleine Siedlung Kristnes gute 10 km südlich der heutigen Stadt.

Der eigentliche Aufschwung kam um 1786, als die Dänen hier eine Handelsniederlassung gründeten – und ganz nebenbei das Stadtbild prägten. Ihr Erbe sind die vielen liebevoll gehegten Hausgärten. Der Stützpunkt erhielt 1787 die Stadtrechte, ab Ende des 19. Jhs. siedelten sich Industrie und Gewerbe an und seit 1987 gibt es eine Universität.

Ein Stadtbummel

Die meisten Sehenswürdigkeiten liegen relativ nahe beieinander entlang der Pollurin-Bucht. Über die Geschichte des Eyafjörður und der Stadt Akureyri informiert recht spannend das **Heimat- und Volkskundemuseum** *(Minjasafnið)* ❶, wobei der Schwerpunkt auf dem 19. und 20 Jh. liegt. Zu sehen sind u. a. Schnitzereien und alte Trachten, hauswirtschaftliches Gerät und landwirtschaftliche Werkzeuge (Aðalstræti 58, Juni–Mitte Sept. tgl. 11–17, sonst So 14–16 Uhr).

Vis-à-vis widmet sich das Gedenkmuseum ***Nonnahús** ❷ dem Leben und Schaffen des berühmten, 1944 in Köln gestorbenen Kinderbuchautors Jón Sveinsson (»Nonni und Manni«), der von 1865 bis 1870 in Akureyri lebte (Nr. 54, Juni–Mitte Sept. tgl. 10 bis 17 Uhr, sonst nach Vereinbarung, Tel. 462 3555). Auf dem Weg in die Innenstadt kommt man am **Friðjarnarhús** (1856) vorbei, das als Gründungssitz des isländischen Guttemplerordens diente, der sich dem Kampf gegen Alkoholismus widmet.

Das **Laxdalshús** ❸ von 1795 ist das älteste Haus der Stadt – die Exponate im Inneren dokumentieren, ergänzend zum Heimatmuseum, die Besiedelung des Fjords (Hafnarstræti 11, Juni–Mitte Sept. tgl. 10–18 Uhr).

Eindrucksvoll ist die Zahl der Pflanzenarten in dem hübsch angelegten ***Botanischen Garten** ❹: es sind mehr als 2000, v. a. arktische und alpine Spezies wie etwa Sibirische Lärchen, Drehkiefern oder Arktische Weideröschen, aber auch bunte Rosen, Schwertlilien oder Stiefmütterchen (Juni–Sept. Fr 8–22, Sa/So 9–22 Uhr).

Die Innenstadt wird überragt von der doppeltürmigen, 1939–1940 erbauten Stadtkirche **Akureyrarkirkja** ❺ auf einem kleinen Hügel, den 112 Stu-

Akureyri verdient mehr als einen kurzen Übernachtungsstopp

Seite 48

fen hinaufführen. Beim Anblick der Fassade mag man gleich an die Hallgrímskirche (s. S. 40) denken. In der Tat standen auch hier die Basaltsäulen der isländischen Steilküsten Pate – Architekt Gudjón Samúelsson wollte ein Stück Heimatverbundenheit ausdrücken. Die Kirchenfenster zeigen Szenen aus der isländischen Kirchengeschichte. Bei den Gottesdiensten erklingt die erste in Island gebaute Orgel mit 3200 Pfeifen (zu besichtigen Juni–Aug. tgl. 10–12 und 14–16 Uhr).

Als eine der interessantesten Straßen Akureyris darf die **Kaupvangsstræti** ❻ gelten, denn hier versammeln sich Künstlerateliers sowie gute Adressen für Ausstellungen und Kulturevents wie das **Listagil Arts Centre** (Nr 23, Tel. 466 2609, www.listagil.is) oder das **Kunstmuseum** (*Listasafnið*, Nr.12, Di–So 13–18 Uhr).

Tipp Lust auf einen leckeren Kuchen oder eine Tasse Kaffee unter Palmen? Im Café **Blómahúsið** kann man sich in einer Art Gewächshaus vor tropischer Kulisse für den Einkaufsbummel in den Geschäften der Hafnarstræti stärken, unter den hier verkauften Souvenirs wie Wollpullis und Keramikwaren wählen – oder einfach nur den Blick auf den Fjord genießen (Hafnarstræti 26, Mo–Fr 10–18, Sa 10–15 Uhr, ○).

Infos

i **Tourist Info,** Hafnarstræti 82 (im Busbahnhof), 600 Akureyri, Tel. 462 7733, Fax. 461 1817, www. akureyri.is, www.eyafjordur.is, Juni–Aug. Mo–Fr 7.30–21, Sa/So 7.30–11.30 und 15–18.30 Uhr, sonst Mo–Fr 8–17 Uhr.

Flugverbindungen: Der **Flughafen** liegt ca. 4 km südl. des Zentrums und ist mit dem Taxi erreichbar. In dem kleinen Flughafengebäude befindet sich der Schalter der Mietwagenfirma Avis, gegenüber dem Gebäude jener von Hertz. Auskünfte über Flugpläne: Tel. 460 7000.

Busverbindungen: **SBA-Norðurleið,** Hafnarstræti 82, 600 Akureyri, Tel. 550 0700, Fax 550 0071, www.sba.is. Fernverbindungen von bzw. nach Reykjavík, Húsavík, zum Mývatn oder Egilsstaðir an den Ostfjorden, Ólafsfjörður, quer durchs Hochland und zu weiteren Zielen (teilweise ganzjährig).

Seite 48

Die An- und Abfahrtsstelle liegt zentral in der Hafnarstræti 82, Busbahnhof Tel. 462 4442 oder 462 4729 (Fahrplanauskunft), geöffnet: Mo–Fr 7.30–21, Sa/So 7.30–11.30 und 15–18.30 Uhr.

KEA, Hafnarstræti 87–89, 600 Akureyri, Tel. 460 2000, Fax 460 2060, www.hotelkea.is. Viersterne-Hotel mit Zimmern für Behinderte und allen Annehmlichkeiten eines Business-Hotels, z. B. Internet-Anschluss und Satelliten-TV im Zimmer. Das Restaurant führt eine gute, erstaunlich große Weinauswahl. ○○○

▪ **Studio Apartments,** Strandgata 13, 600 Akureyri, Tel. 820 0686, Fax 461 5222, www.hotelstudio.is. Fünf schicke Apartments für zwei bis vier Personen, innenstadtnahe Lage. ○○

▪ **Akureyri,** Hafnarstræti 104, 600 Akureyri, Tel. 462 5588, Fax 461 4682, http://nett.is/guest/e/index.htm. Modernes Gästehaus mit 19 Zimmern direkt in der Fußgängerzone. Frühstücksbuffet. ○

▪ **Brekkusel,** Byggðavegur 97, 600 Akureyri, Tel. 461 2660, Fax 462 3660, www.travelnet.is/brekkusel. Gästehaus mit Kochgelegenheiten, zum Teil Schlafsackplätze, ruhige Lage. ○

Campingplätze: Þórunnarstræti, Tel. 462 3379 und Hamrar, Tel. 461 2264, hamrar@scout.is, geöffnet 15. Juni–31. Aug. Beide Plätze werden gemeinsam verwaltet und haben sehr gepflegte Sanitäranlagen.

Fiðlarinn, Skipagata 14, Tel. 462 7100, www.fidlarinn.is, tgl. ca. 12–15 und 18.30 Uhr. Internationale Gourmetküche. Ebenso superb wie die »Ente à l'Orange« ist der

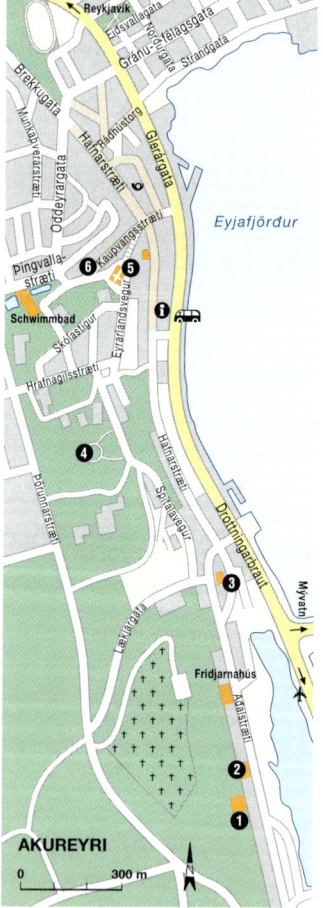

❶ Heimat- und Volkskundemuseum
❷ Nonnahús
❸ Laxdalshús
❹ Botanischer Garten
❺ Akureyrarkirkja
❻ Kaupvangsstræti

Ausblick von den Panoramafenstern auf den Eyarfjord. Reservierung empfehlenswert. ○○○

■ **Bautinn,** Hafnarstræti 92, Tel. 462 1818, tgl. ab 18.30 Uhr, am Wochenende Reservierung empfehlenswert. Sehr gute Fischgerichte, teilweise in Gourmetqualität, sowie ein unglaublich vielfältiges Salatbuffet. ○○

■ **Friðrik V Brasserie,** Strandgata 7, Tel. 461 5775, tgl. ab ca. 11 Uhr. Aus feinsten isländischen Zutaten wie frischem Lammfleisch oder Fisch werden internationale Gerichte gezaubert. ○○

■ **Karolína Café & Restaurant,** Kaupvangsstræti 23, Tel. 461 2755, Café: tgl. ab 11.30, Restaurant: Di–Sa ab 18 Uhr. Das Restaurant versorgt kulturbeflissene Besucher des Listagil Arts Centre und der Deiglan-Konzerthalle mit gesunder, leichter Küche. Das Café ist eher Treffpunkt der städtischen Schickeria. ○–○○

■ **Grillhús,** Geislagata 7, Tel. 462 6006 Hier kommen Snackfans auf ihre Kosten. ○

 Shoppingmall **Glerátorg** (Gleráreyrum 1, in der westlichen Verlängerung der Glerárgata, Mo–Fr 9–18.30, Sa 9–17, So 10–16 Uhr) mit Boutiquen, Schuhgeschäften, Handy-Läden und dem beliebten Kaffitorg Shopping Mall Café (Mo–Fr 9–17, Sa bis 14 Uhr). Haupteinkaufszeile in Akureyri bleibt jedoch der Innenstadtbereich um die Hafnarstræti. Hochwertige Outdoor-Bekleidung führt die dortige Filiale von **66°North,** Glerárgata 32. Kunsthandwerkliche Souvenirs wie Keramikwaren oder Wollpullover gibt es bei **Hornið,** Kaupvangsstræti 1. Informative Bücher und gute Karten umfasst das Sortiment bei **Edda,** Hafnarstræti 100.

Akureyris Nachtleben lockt die Jugend aus der gesamten Region an. Vor allem samstagabends fährt man beim Autokorso rings um den Rádhústorg viel schickes Blech, Designermode und die neuesten Handys spazieren. Manche Kneipen oder Diskotheken haben am Wochenende bis 5 Uhr früh geöffnet. Beliebte Kneipen sind u. a. das Café **Karolína** (s. o.) oder das **Raðhúskaffi** am Raðhússtorg. Wer gerade volljährig geworden ist, lässt sich gerne im **Kjallarinn,** Geislagata 14, blicken, älteres Publikum findet sich im **Vid Pollinn,** Strandgata 49, ein.

Seite **48**

Ausflug nach Grímsey

Die Insel, gut 41 km nördlich von Akureyri, ist das einzige Eckchen Islands, das der Polarkreis durchschneidet. Diesen Breitengrad zeigt das Polarkreis-Denkmal direkt an der Startbahn des kleinen Inselflughafens. Zur Sommersonnenwende am 21./22. Juni steigt im Básar-Gästehaus (611 Grímsey, Tel. 467 3103, ○) eine kleine Mitternachtssonnenparty, denn die Sonne steht auch um 0 Uhr noch über dem Horizont. Da erst wenige Besucher kommen, sind die Tausende Papageitaucher, Lummen, Tordalken und diversen Möwenarten an den über 100 m hohen, beeindruckenden Vogelfelsen im Norden der Insel noch recht zahm. In den beiden Orten der Insel, Básar und Sandvík, leben ca. 95 Menschen von der Fischerei.

Verkehrsverbindungen: Mit der **Autofähre Sæfari** Mo, Mi und Fr 7.30 Uhr (Rückfahrt jeweils 16 Uhr), Buchung bei der Reederei Samskip in Akureyri und Dalvík unter Tel. 461 3600 notwendig. Im Sommer tgl. **Flüge** ab Akureyri nach Básar, z. B. mit Air Iceland, Tel. 460 7000.

Tour 1

1

Der Goldene Kreis

Seite
54

****Þingvellir → *Laugarvatn →
Haukadalur mit **Strokkur und
*Großer (Stóri) Geysir → **Gull-
foss → *Hveragerði (ca. 220 km)**

Schon eine erste Rundtour ab Reykjavík, die trotz ihrer Dauer von nur
zwei Tagen zu den Highlights eines
Islandaufenthalts gezählt werden
darf und bei vielen Veranstaltern
bequem gebucht werden kann, bringt
faszinierende Eindrücke. Sie nennt
sich poetisch »Der Goldene Kreis«
nach ihrem Ziel, dem Gullfoss, über-
setzt: Goldener Wasserfall, der in der
Tat bei Sonnenlicht schimmert, als
sei er mit feinstem Blattgold über-
zogen. Doch auch zischende Geysire
und viel Historie im Nationalpark
bestimmen den Charakter der Fahrt –
schließlich begann im Südwesten die
Besiedelung Islands.

**Þingvellir ❶

Auf den ersten Blick werden sich Besucher fragen: Was ist dran an diesem
viel beschriebenen Platz 50 km östlich
der Hauptstadt – außer der scharfkan-
tigen, wie mit einer Säge aus dem Ge-
stein geschnittenen Schlucht? Nun,
abgesehen davon, dass hier isländische Geschichte geschrieben wurde,
kann man inmitten der **Allmänner-
schlucht**, der *Almannagjá*, mit einem
Bein in Europa, mit dem anderen in
Amerika stehen, denn hier befindet
sich die Nahtstelle zwischen europäi-
scher und amerikanischer Kontinentalplatte (s. S. 12). Wie aktiv die Konti-
nentaldrift ist, zeigte ein großes

Erdbeben 1789: binnen zehn Tagen
sackte der Boden um 67 cm ab.

Westlich der Almannagjá erkennt
man am Berg noch die Überreste einfacher Steinbehausungen; in diesen
Buðir wohnten wichtige Goden während der jährlichen Versammlungen
des Alþings (s. u.).

Am östlichen Ufer des Öxara-Flus-
ses markiert heute die um 1860 erbaute **Þingvalla-Kirche** (Mai–Sept.
Mo–Fr 9–18, Sa/So 9–22 Uhr) jenen
Ort, an dem die erste isländische Kirche nach der Bekehrung zum Christentum im Jahre 1000 stand. Im Inneren sind das Altarbild des Dänen Niels
Anker, die hölzerne Kanzel (1863) und
ein silberner Hostienkelch (1743) zu
sehen. In den nebenstehenden Holzhäusern wohnen der Pfarrer sowie der
Direktor des 50 km² großen Nationalparks – die Versammlungsstätte steht
seit 1928 unter Schutz.

Tipp   Auf dem großen, malerischen
Þingvalla-See im Nationalpark
kann man nach Voranmeldung
1¹/₂-stündige Motorbootfahrten unternehmen mit **Þingvallavatnssiglingar**,

Alþing in Þingvellir

Im Frühsommer des Jahres 930
versammelte der Wikinger Grímur
Geitskór erstmals die 13 Oberhäup-
ter der 13 isländischen Familien,
die Goden, um das Zusammenle-
ben auf der Insel zu ordnen. Die
gewaltige Schlucht, die heute den
Namen Almannagjá (Allmänner-
schlucht) trägt, schien ideal: die
Felsen als eine Art Tribüne für
stimmgewaltige Redner, die Ebene
für das Publikum. Dem ersten
Alþing folgten weitere, immer während der »zehnten Sommerwoche«

Den Isländern bedeutet Þingvellir weit mehr als ein Ausflugsziel in schöner Natur

Tel. 854 7664, Fax 482 3610, Juni–Aug. Di, Do, Fr 10, 13 und 15 Uhr, sonst nach Vereinbarung.

ℹ **Besucherzentrum Leirur** an der Straße Nr. 36 (Abzweigung nach Þingvellir), Tel. 482 2660, im Mai–Sept. 8.30–20 Uhr, Informationen und Verkauf von Angellizenzen. Auskunft auch im Büro der **Nationalpark-Verwaltung** neben der Kirche, April–Okt. tgl. ca. 9.30–17 Uhr, www.thingvellir.is

Hótel Valhöll, Tel. 486 1777, Fax 486 1778, www.hotelthingvellir.is. Charmantes, im Stil historischer isländischer Holzhäuser erbautes Hotel nahe der Kirche im Nationalpark. ○○○

Am ✶Laugarvatn ❷

Durch einsame und karge Lavafelder des Gjábakkahraun und Kahraun führt die Straße weiter zum »Schlachtsee«.

(nach unserer Zeitrechnung also meistens Ende Juni/Anfang Juli). Vom Lögberg aus, dem »Gesetzesfelsen«, trug der für drei Jahre gewählte Lögsögumaður, der Gesetzessprecher, die Verordnungen den bis zu 5000 Zuhörern auswendig vor – und zwar jeweils zu einem Drittel, so dass er mit der rechtskräftigen Verkündung erst mit Ende seiner Amtszeit fertig war. Ein von den Goden gewähltes oberstes Gericht, die Lögrétta, fällte Urteile, die meist sofort umgesetzt wurden – Missetäter wurden als Geächtete in Verbannung geschickt oder an Ort und Stelle hingerichtet.

332 Jahre funktionierte diese frühparlamentarische Verwaltung reibungslos, dann geriet Island zunehmend unter Fremdherrschaft, das Alþing, das zunächst noch Gesetze erlassen konnte, sank zur Bedeutungslosigkeit herab. Erst von 1843 an erlangte es Schritt um Schritt seine volle Stärke wieder – diesmal allerdings nicht mehr in Þingvellir, sondern in Reykjavík.

1

Seite
54

Der Name tut dem idyllischen Gewässer und dem gleichnamigen kleinen Ort, die direkt auf dem Weg zu den Geysiren liegen, Unrecht – denn weder hat hier je eine Schlacht stattgefunden noch wurden hier Menschen gemeuchelt. Die Sage erklärt den Namen damit, dass 1550 der in Skálholt hingerichtete, beliebte Bischof Jón Arason am Ufer vor seiner Bestattung reingewaschen wurde. Im Sommer erreicht der See durchaus Badetemperaturen – zumindest für die Isländer. Heiße Quellen und die Sonne heizen ihn dann auf bis zu 20 °C auf.

Tipp Lust auf ein Schwitzbad mit Seeblick? Direkt am Ufer des Laugarvatn lockt, in Höhe des Edda-Hotels Íkí (s.u.), das sehr typische **Gufubaðið** mit Thermaldampf aus dem Erdinneren und einem Heißwasserbecken. Info: Tel. 486 1235.

Edda-Hótel Húsmæðraskóli Íkí, Laugarvatn, Tel. 444 4000, www.hoteledda.is. Sommerhotel, manche Zimmer mit Seeblick, gutes Restaurant und Sportmöglichkeiten wie Schwimmen und Golfen. ○○
Camping: Laugarvatn, Tel. 486 1155. Komfortabler, sehr gepflegter und empfehlenswerter Platz mit guter Anbindung, z. B. Bushaltestelle.

Skálholt

Über 700 Jahre lang hatte der Bischofssitz (südlich von Laugarvatn an der Str. 31) enorme Bedeutung für Island und seine Geschichte. Die moderne Kirche erinnert an diese Zeit, bevor Zerstörungen durch ein Erdbeben die Geistlichkeit 1785 bewogen, nach Reykjavík umzuziehen.

Lindin, Laugarvatn, Tel. 486 1262, tgl. ab ca. 11 Uhr geöffnet. Für ländliche Verhältnisse erstaunlich gute Fisch- und Wildgerichte. Probieren Sie die herrliche frische Räucherforelle oder die Fischsuppe nach Art des Hauses. ○○

Wasser – heiß und kalt

Er gab allen Springquellen der Welt den Namen »Geysir«: der ***Stóri** oder **»Große Geysir«** am Fuß des Laugarfjall mitten im Hochtemperaturgebiet **Haukadalur ❸**, dem »Habichtstal«. Nach einem starken Erdbeben im Juni 2000 macht der Stóri nach fast 100-jähriger Pause wieder Versuche zu sprühen – doch meist schafft er nur wenige Meter; vorbei die Zeiten, da die Fontäne 60 m und mehr in die Höhe stieg.

Dafür kann man sich am kleinen Nachbarn erfreuen, dem ****Strokkur** (»Butterfass«), der verlässlich und zur Freude der zumeist in Scharen versammelten Touristen in die Höhe schießt. Sehenswert sind auch viele weitere Kalksinterbecken mit bläulich schimmerndem Wasser, Fumarolen und Schlammtöpfen im Haukadalur.

Tipp Vom Aussichtspunkt etwas weiter westlich hat man einen tollen Blick über das Hochtemperaturgebiet – und nachmittags, bei Sonne, das beste Licht für Fotos.

Geysir Center, Haukadalur, Tel. 486 8915 (über Hotel Geysir), www.geysircenter.com, im Sommer tgl. 10–19 Uhr. In dem modernen Center kann man sich 3-D-Animationen von Vulkanausbrüchen, bersten-

Der Geysir Strokkur schleudert seine Fontänen oft bis zu 20 m in die Höhe

1

Seite 50

Der Gullfoss liegt in einer Ebene, um so eindrucksvoller rauscht er abrupt in die Tiefe

den Gletschern und anderen Naturereignissen, aber auch eindrucksvolle Fotos ansehen.

 Hótel Geysir, Geysir (Haukadalur), Tel. 486 8915, Fax 486 8715. Das hübsche Haus mit kleinem Pool und rustikalen Zimmern bietet die Chance, die Geysire am frühen Morgen in aller Einsamkeit zu erleben. ○○

Nur knappe 10 km, dann ist der ****Gullfoss** ❹ erreicht. Besonders schön präsentiert er sich nachmittags, wenn die tief stehende Sonne die feine Gischt aus den Kaskaden in jenes goldfarbene Licht taucht, das dem Spektakel den Namen gab. Vom unteren Parkplatz führt ein allerdings glitschiger Weg bis an die Kante des kleinen Canyons – man sollte sich jedoch wasserfest kleiden und Foto oder Videokamera vor der kalten Dusche schützen. Die Hvítá, ein Gletscherfluss des Langjökull, rauscht zunächst über eine 11 m hohe Gesteinstreppe, ehe das Wasser an einem zweiten Vorsprung weitere 21 m hinabstürzt. Von hier führt dann die Kjölur-Strecke (F 35) weiter nach Norden (s. S. 85 ff).

*Hveragerði ❺

Öde Lava, nichts als öde Lava – und ausgerechnet hier, nur gute 30 Autominuten von Reykjavík, soll sich eines der Gartenbauzentren Islands befinden? Das Hochtemperaturgebiet Hengill rings um die Stadt (1800 Einw.) lässt kaum darauf schließen, dass hier auf mehr als 18 ha Fläche bunte Tropenblumen und -früchte, saftige Gurken oder Tomaten angebaut werden,

TOUREN 1 UND 2

0   20 km

N

Akra

Seltjarnarnes RE

Gardskagi
Garður
Sandgerði
Keflavík

Alftanes
Hafnarfjörður
G
❻
Kapelluhraun

Vogar ②

Njarðvík

Reykjanes
Naturschutzgebiet

Hafnir

R e y k j a n e s

❽
Hafnaberg

385
Fagradalsfjall

Kleif

②
Blaue
Lagune
❼

Reykjanes

Grindavík

man gar in einem Café unter Palmen sitzen kann und nicht nur junge Isländer, sondern Landwirtschaftsschüler aus ganz Skandinavien in der örtlichen staatlichen Gartenbauschule in die Flora-Pflege eingeführt werden.

Dank Islands geologischer Besonderheit können zahllose Gewächshäuser im Ort mit heißem Dampf, fast kostenloser Wärme, aus zwei 350 m tiefen Bohrlöchern versorgt werden. Natürlich muss der Natur im dunklen Winter mit Infrarotlicht nachgeholfen werden. Die Pflanzen gedeihen auf einer Mischung aus Lehm, Torf und vulkanischer Asche. Nach Hveragerði kommen viele Hauptstädter, um sich mit Blumen, Obst und Gemüse einzudecken ebenso wie zum Golfspielen oder Angeln.

In Hveragerði arbeitet auch die Kurklinik **NLFÍ** (s. S. 31).

Ferðaþjónusta Suðurlands, Breiðumörk 2, Tel. 483 4601, Fax 483 4604, www.sudurland.net/info, Sommer: Mo–Fr 9–17, Sa/So 12–16 Uhr, Winter: Mo–Fr 9.15–16.15, Sa/So 10–14 Uhr.

Hótel Örk, Breiðamörk 1c, Tel. 483 4700, Fax 483 4775. Kleines, familiäres Haus mit Schlafsackplätzen und gutem Restaurant. ○–○○

▮ **Frumskógar,** Frumskógar 3, Tel. 483 4148, Fax 483 4148, www.frumskogar.is. Nettes Gästehaus, auch mit preiswerten, ordentlichen Schlafsackunterkünften. ○–○○

Café Eden, Austurmörk 25, Tel. 483 4900. Hier können Sie vor tropischer Gewächshaus-Kulisse nicht nur Kaffee und Kuchen, sondern auch Grillspezialitäten und diverse Snacks genießen. ○

Tipp Schnupper-Ritte auf echten Island-Pferden oder Reiterferien ermöglicht der Reiterhof **Eldhestar** (Vellir, Tel. 480 4800, Fax 480 4801, www.eldhestar.is) etwas südlich von Hveragerði. Die Ausritte dauern je nach Wunsch 30 Min. bis zu 2 Std.

Der Goldene Kreis schließt sich von Hveragerði nach rasch zurückgelegten 38 km in Reykjavík.

1

Seite **54**

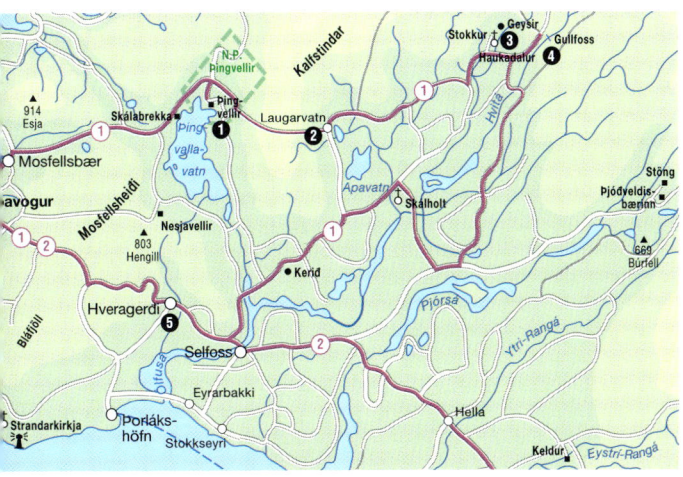

Tour 2

Wasser, Feuer und ewiges Eis

***Reykjavík → *Hafnarfjörður →
**Skaftafell Nationalpark → Höfn
→ Egilsstaðir → ***Mývatn →
Húsavík → *Akureyri (ca. 1045 km)**

**Seite
54**

Island pur, jenes grandiose Wechsel-
spiel der Naturphänomene lässt sich
im Süden und Osten der Insel erleben. Seien es entspannte Stunden in
der Blauen Lagune, ein Besuch bei
den Elfen von Hafnarfjörður, eine
Trekkingtour durch den Skaftafell
Nationalpark oder ein Bootstrip
durch die gespenstisch anmutende
Eisberglandschaft des Jökulsárlón
oder eine Walbeobachtungstour ab
Húsavík – hier sind alle Zutaten des
Island-Vergnügens vereint.
Kein Wunder, dass die meisten
Islandreisenden diese sechs- bis
siebentägige Tour auf der gut ausgebauten, befestigten Ringstraße
wählen. Sie ist so konzipiert, dass
sie sich problemlos in einen
Zweiwochenaufenthalt einfügt.

*Hafnarfjörður ❻

Islands drittgrößte Stadt (18 000
Einw.) schmückt sich mit einem recht
attraktiven Ortsbild und zwei weiteren
Attributen: dem Wikingererbe und
Elfen (s. Special S. 8 f.). Nach Meinung
der örtlichen Seherin Erla Stefánsdóttir ist der Botanische Park **Hellisgerði**
in der Stadtmitte das Zentrum des verborgenen Treibens. Tatsächlich wirken
die Kontraste von Blumenrabatten
und dem wohl nördlichsten Bonsai-

Garten der Welt inmitten erkalteter La-
vablasen bizarr. Führungen zu den El-
fensiedlungen gibt es bei der Tourist-
Info (s. u.) zu buchen, manchmal muss
man ein wenig warten, bis sich genü-
gend Interessenten gefunden haben.

Tipp Zurück in die Zeit der Landnah-
me reist man im Wikingerdorf
Fjörukráin, dessen schwarze Holzge-
bäude Drachenköpfe zieren, jeweils
Sa und So um 15 Uhr werden beim Wi-
kingertheater Szenen aus der Zeit der
Besiedelung Islands nachgespielt
(Strandgata 55, Sommer: tgl. ab 9 Uhr,
Winter kürzer). Angeschlossen sind
u. a. das Wikinger-Restaurant **Fjoru-
garðurinn** (tgl. ab 12 Uhr, ○○) das
Gourmetlokal **Fjaran** (tgl. 18 bis
22.30 Uhr, ○○○) und ein Hotel (s. u.).

Tourist Information, Vesturgata
8, Tel. 565 0661, Fax: 565 2914,
www2.hafnarfj.is/hafnarfj-deutsch.
nsf/pages/front, Sommer: Mo–Fr
8.30–18, Sa/So 10–16 Uhr, sonst
Mo–Fr 13–16 Uhr.

Hótel Viking, Strandgata 55,
Tel. 565 12 13 oder 565 1890,
Fax: 565 1891, www.fjorukrain.is.
Wohnen mit Wikinger-Charme – in
einer umgebauten alten Schmiede
wurden 19 moderne Zimmer eingerichtet. ○○

Camping: Víðistaðtún, Hjalla-
braut 51, Tel. 565 0902. Sehr gepflegter Platz mit Cafeteria und Einkaufsmöglichkeiten. ○

Hansen, Vesturgata 4,
Tel. 565 1130, tgl. ab 12 Uhr.
Sehr gute isländische Küche und
»Elfenmenüs« in einem urigen Haus
aus dem 18. Jh. – einem der ältesten
in der Stadt. Exzellent: das hausge-
backene Brot. ○○

■ **Café Royal,** Strandgata 28, Tel. 565 0123, tgl. ab 10 Uhr. Gemütliches, kleines Café mit reichhaltigem Angebot. ❍

 Fjörður, Fjarðargata 13–15. Das neue, schicke Einkaufszentrum führt Bekleidung, Outdoor- und Sportartikel in großer Auswahl, hat aber auch gemütliche Espressobars (Mo bis Do 10–18, Fr 10–19, Sa 10–16 Uhr).

Alljährlich im Juni gibt es beim **Hafnarfjöður-Festival** Darbietungen der Wikinger wie Schwertkämpfe oder Reiterspiele, daneben auch klassische Konzerte, Filmvorführungen und Theateraufführungen.

Die Reykjanes-Halbinsel

Sie hat ein karg-schönes, stark vulkanisch geprägtes Antlitz, diese Halbinsel, deren Namen sich aus *reykur* für Dampf und *nes* für Landzunge zusammensetzt. Ob man sie von Hafnarfjörður aus erkundet oder hier die Rundfahrt startet – sie wartet mit Besonderheiten auf. Aus der vulkanischen Vergangenheit Reykjanes haben sich die wohl bekanntesten Geothermalgebiete Islands erhalten, so etwa die herrliche ****Blaue Lagune** ❼ im Südteil der Halbinsel nahe Grindavík (s. S. 42).
Ein Naturschauspiel bieten die atemberaubend steilen Lavafelsen an der Küste ca. 4 km südlich von Hafnir – schier unglaublich sind die Lärmkulisse, das Geflatter und das Gewusel zehntausender Papageitaucher, Lummen, Möwen, Gryllteisten, Eissturmvögel und anderer Bewohner des Vogelfelsens **Hafnarberg** ❽, der zu den größten seiner Art in ganz Island zählt und wohl nur darum nicht so bekannt ist wie z. B. Látrabjarg in den Westfjorden (s. S. 96), weil man ihn nicht anders als mit einer 40-minütiger Wanderung erreichen kann.

Straße zur Hekla

Über Hveragerði (s. S. 54 f.) und Selfoss ❾ (4300 Einw.), Sitz der größten Molkerei Islands und wichtiger Verkehrsknotenpunkt, folgt man der Ringstraße nach Hella. Zuvor ist auf der Straße 26 ein Abstecher Richtung Hekla möglich. Sie zählt zu Islands gefährlichsten Vulkanen.

2

Seite 68

Tipp Wer sich über die vielen Ausbrüche informieren möchte, sollte das **Hekla-Dokumentationszentrum** ❿ *(Heklumiðstöðin)* am Fuße des Vulkans besuchen, denn die Ausstellung ist sehr spannend aufbereitet (ca. 20 km nördl. von Hella, Sommer tgl. 10–18 Uhr, Infos über Leirubakki Gästehaus, s. u.).

Leirubakki, Tel. 487 6591, www.leirubakki.is. Gemütliches, komfortables Gästehaus, das einsam in der Berglandschaft an der Straße 26 zur Hekla liegt. Die Besitzer bieten Reittouren und Reiterferien an. ❍–❍❍

Hella ⓫

In der Umgebung des kleinen Orts (600 Einw.) findet man zahlreiche Wohnkavernen, noch vor der Landnahmezeit von keltischen Mönchen oder Einsiedlern zum Schutz vor Wind und Wetter in die weiche Erde gegraben. Einige sind bis zu 6 m lang.
Ca. 3 km hinter Hella zweigt die Straße Nr. 264 zum sehr schönen Torfhof **Keldur** ⓬ ab, der heute ein Museum ist (Tel. 487 8452, Mai–Sept. tgl.

Das Museum von Skógar mit dem alten Grassodenhof wird ständig erweitert

10–12 und 13–18 Uhr). Schon um 1200 entstand die Haupthalle des Hofs, gegen 1630 kamen weitere Gebäudeteile, 1875 die hübsche, mit Wellblech verkleidete Kirche hinzu. Keldur ist vermutlich das älteste erhaltene Gebäude Islands und spielte auch eine Rolle in der berühmten isländischen Njáls-Saga, einem Drama um den Rechtsgelehrten Njál Þorgeirsson, dessen Freund, den Krieger Gunnar und ihre Frauen.

 Tourist Info Hella, Þrúðvangi 2, Tel. 487 5165, Fax 487 5365, Mai–Sept. Mo–Fr 9.30–18 Uhr, Sa 10 bis 14 Uhr, sonst nach Vereinbarung.

Camping: Mosfell, Þrúðvangi 6, Tel. 487 5828. Der gepflegtere der beiden Campingplätze in Hella, ganzjährig geöffnet. ○

Von Hella nach Skógar

Nicht nur die dreiteilige Njálsgeschichte, sondern auch Hintergründe aus Islands Wikingerzeit beleuchtet das Njáls-Sagazentrum im Touristenbüro von **Hvollsvöllur** ⑬ (Hlidarvegi 1, Tel. 487 8781, tgl. 9.30 – 17 Uhr).

Beim Stopp am *Seljalandsfoss ⑭ rund 10 km weiter, sollte man sich auf jeden Fall eine Regenjacke überstreifen, denn der 40 m hohe, beeindruckende Wasserfall kennt kein Erbarmen. Alle, die ohne Schutz auf dem glitschigen Pfad hinter ihm hindurchgehen, durchnässt die Gischt ausnahmslos bis auf die Knochen.

Skógar ⑮

Auch dieser kleine Ort wartet mit einem Wasserfall auf, dem **Skógafoss.** Sein 62 m hoher, fast 25 m breiter Wasserstrahl macht ihn zu einem der schönsten Wasserfälle Islands. Ihn speisen Schmelzwasser der Gletscher Eyjafjallajökull und Mýrdalsjökull. Um den Wasserfall rankt sich übrigens eine Sage: Der Siedler Þrasi soll hinter den Kaskaden einen gewaltigen Goldschatz versteckt haben, der bis heute nicht gefunden wurde. Unschwer finden lässt sich der Aussichtspunkt etwas oberhalb des Wasserfalls.

Neben dem Wasserfall befindet sich, in einem malerischen Torfhaus-Ensemble, das **Volkskunde- und Heimatmuseum** *(Byggðasafnið Skógum).* Zu sehen gibt es alte Geräte, Werkzeuge, Maschinen aus der Landwirtschaft und Fahrzeuge. Zu unregelmäßigen Zeiten finden Kunsthandwerks-Shows statt (Tel. 487 8845, Juni–Aug. tgl. 9–18, Mai und Sept. tgl. 10–16 Uhr).

 Edda-Hotel, Skógar, Tel. 444 4000, www. hoteledda. is. Sommerhotel mit Zimmern ohne Bad, aber mit gutem Restaurant, geöffnet Mitte Juni bis Ende Aug. ○○

Nahe Skeiðflötur zweigt die leider schlechte Straße 218 von der Ringstraße ab zum **Kap Dyrhólaey ⓰**, dem südlichsten Punkt des »festländischen« Island. Markenzeichen ist ein gewaltiger, rund 120 m hoher Steinbogen, ein Werk der Wellen. An der Küste brüten zahlreiche Seevögel, darumgen darf man das Gebiet erst ab Ende Juni befahren.

Vík ⓱ – Stützpunkt an der Südküste

Ehe die große Sander- und Schotterebene des Mýrdalssandur und des Skeiðárarsandur auf gut befestigter Straße zu durchqueren ist, hat man noch einmal Gelegenheit, in der Gemeinde (auch als Vík í Mýrdal bezeichnet, 300 Einw.) zu tanken und den Anblick der Küste zu genießen.

Dies tut man am besten am tiefschwarzen, südlich gelegenen Strand **Reynisfjara,** der als einer der schönsten Lavastrände Europas gilt. Dort erinnert ein am 15. Sept. 2002 enthülltes Denkmal mit verschiedenen Bronzetaflen »an die Seeleute, die in der deutschen Islandfahrt ihr Leben verloren« und an die isländischen Retter, die viele Schiffbrüchige vor dem Tod bewahrten.

2

Seite
68

Fischzüge mit Folgen

Wie gefährlich die isländischen Gewässer sein können, zeigt die Statistik der Schiffskatastrophen: zwischen 1898 und 1952 gingen in den Gewässern vor Island allein 81 deutsche Fischereifahrzeuge verloren, zuletzt am 23. Dezember 1952 die »N. Ebeling« aus Bremerhaven. Bei den Unglücken kamen mehr als 1000 Fischer ums Leben.

Dramatisch waren die Ereignisse um den deutschen Fischdampfer »Friedrich Albert«. Am 19. Januar 1903 rammte das Schiff an der Küste zwischen Vík und Ingólfshöfði eine Sandbank und wurde binnen weniger Minuten von der Brandung an den Strand geschoben. Sturm kam auf und das flache Land entpuppte sich als gefährliche Mi-

schung von Sumpf, feinem Lavasand und eiskaltem Gletscherwasser. Elf Tage lang irrte die zwölfköpfige Besatzung an der Küste umher, ohne menschliche Siedlungen zu finden – in der Tasche lediglich etwas Hartbrot. Drei Menschen überlebten diese Torturen nicht. Manche der übrigen erlitten schwere Erfrierungen an Händen und Füßen, bis sie schließlich das einsam gelegene kleine Gehöft Ormstaður erreichten. »Nicht genug kann die freudige Aufopferung gerühmt werden, mit der die offenbar sehr armen Leute die Schiffbrüchigen aufnahmen«, heißt es in einem Bericht über die Strandung der »Friedrich Albert«. Nur die wenigsten deutschen Seeleute hatten solches Glück.

Tourist Info, Café Brydebuð, Vikurbraut 26, Tel. 487 1395, kein Fax, info@vik.is, Mitte Juni–Mitte Aug. tgl. 9.30–17 Uhr, Mai u. Sept. Mo–Fr 10–16 Uhr.

Vík, Klettsvegur 42, Tel. 487 1230, Fax 487 1418, www.ka.is/en/hotelvik/hotelvik.html. Tolle Lage neben den Víkurhamrar-Klippen, sehr gutes Hotelrestaurant, dessen Küche nur Bio-Anbauprodukte oder Fleisch von Nachbargehöften verarbeitet. ○○

❚ **Hótel Höfðbrekka,** 5 km östlich von Vík Richtung Flugplatz, Tel. 487 1208, Fax 487 1218, www.hofdabrekka.is. Empfehlenswertes, idyllisch gelegenes Haus mit geräumigen Lodge-Unterkünften, gutem Restaurant und vier geothermisch beheizten Sitzbadebecken. ○○

Kirkjubæjarklaustur ⑱

Schon im Namen der 150 Seelen-Gemeinde am Ostrand des kargen Mýrdalssandur (ca. 70 km von Vík) steckt die Bezeichnung »Kirche« – und damit hat es zweierlei auf sich: Zwischen dem 11. und 16. Jh existierte an dieser Stelle eine Benediktinerinnen-Abtei, von deren Gebäuden nur noch Reste sichtbar sind. Vermutlich lebten hier schon vor der Landnahmezeit irische Mönche. Und: In der Nähe des Campingplatzes Kleifar (Tel. 487 4620), an der Straße 203, ragen wundersam abgeschliffene Endstücke unterirdischer Basaltsäulen auf, die bildhaft *Kirkjugólfið,* Kirchenfußboden, genannt werden.

Tourist Info, Klausturvegur 10, Tel. 487 4620, kein Fax, geöffnet nur Juni–Aug. Mo–Fr 9.30–17, Sa 10–16 Uhr.

**Skaftafell Nationalpark ⑲

Schnüren Sie die Trekkingschuhe – es erwarten Sie sechs erlebnisreiche Haupttouren von einer bis zu sieben Stunden Dauer – und zahlreiche Varianten. Dabei kommt man einer der Gletscherzungen des gigantischen ***Vatnajökull** recht nahe – und auf den umliegenden Bergen mit Höhen von 1000 bis 1500 m ziemlich hoch hinaus. Gut zu bewältigen ist der Weg zum hübschen Wasserfall *Svartifoss (ca. 90 Min.), dessen Kulisse ein Halbrund aus Basaltsäulen bildet.

Der Reiz des 1967 zum Nationalpark erklärten und 1984 auf 1600 km² vergrößerten Gebiets liegt in der wuchtigen, alpin wirkenden Landschaft, aber auch der einzigartigen Fauna und Flora mit 210 Arten. Im Habitat mit Birkenwäldchen, blauen Glockenblümchen, rosa schimmernder Zwergstrauchheide oder pinkfarbenen Arktischen Weideröschen lassen sich Alpenschneehühner, Zaunkönige, Rotdrosseln, Bergfinken und viele gefiederte Arten mehr beobachten.

Weht der Wind aus Nordwesten, beschert Föhn dem Park häufig angenehm mildes Wetter – die meisten Wolken regnen bzw. schneien sich dann an der Nordwestseite des Vatnajökull-Massivs ab. Der Gletscher bedeckt eine Fläche, die etwa halb so groß ist wie Schleswig-Holstein, unter seinem an manchen Stellen 1000 m dicken Eispanzer verbergen sich aktive Vulkane wie die Grímsvötn.

Servicezentrum des Nationalparks *(Þjónumiðstöðin),* im Sommer tgl. 9–23 Uhr, skaftafell@natturuvernd.is; Reservierung der Campingplätze Tel. 478 1627,

Grandiose und majestätische Landschaft im Skaftafell Nationalpark

skaftafell@mmedia.is. Hier gibt es eine kleine Faltkarte mit den Wandertouren, man kann jedoch auch hochwertige Karten kaufen.

Camping: Skaftafell, Tel. s.o. Zeltplatz direkt am Info-Center mit sehr gepflegten Duschen und WCs. Die nahe Cafeteria (○) ist durchaus empfehlenswert und die Tankstelle deckt den Bedarf an Vorräten.

 Hótel Skaftafell, Freysnes bei Skaftafell, Fagurhólsmýri, Tel. 478 1945, Fax 478 1846, www. hotelskaftafell.is. Große Zimmer – die Komfortvariante für so manche Trekker, nur 4 km vom Nationalpark entfernt an der Ringstraße. Es werden auch Ausritte angeboten. ○○

Jökulsárlón ⑳

Echtes Arktisgefühl vermittelt eine Bootstour auf der Gletscherlagune. Tropfende, blassblaue Eisblöcke, die von der Gletscherzunge des Vatnajökull abbrechen, treiben im bis zu 180 m tiefen Wasser und erinnern an Grönland. An klaren Tagen erhebt sich im Hintergrund der gewaltigen Vatnajökull wie ein Märchenbild. Das Schiffchen legt im Sommer tgl. alle 30–60 Min. ab (Buchung bei Einar B. Einarsson, Kikrjubraut 7, Höfn, Tel. 478 2122 oder 851 1822, e.b.e.@simnet.is).

Höfn ㉑

Die Kleinstadt (1800 Einw.), deren Fischereihafen zu den wichtigsten des Landes zählt, liegt direkt am Fuß des Vatnajökull. Der »Wassergletscher« lockt viele Abenteuertouristen, die den Giganten erleben und mit einem Schneemobil übers Eis sausen wollen.

Im **Heimatmuseum** gibt es jeden zweiten Di im Monat eine große Gletscher-Filmschau (13–18 und 20 bis 22 Uhr) mit packenden Bildern des größten Gletschers Europas. Außerdem kann man sich nicht nur über das Leben der Bauern in Ostisland informieren, sondern auch hübsche Wollwaren, Keramik, Glas oder Schmuck der Handwerksinitiative Handraðin besichtigen (Litlubrú 2 und Hafnarbraut 27, Tel. 478 1833, Juni und zweite Hälfte Aug. tgl. 14–18, Juli–Mitte Aug. tgl. auch 10–12 Uhr).

Tipp Alle Touren beginnen und enden an der 800 m hoch gelegenen Hütte Jöklasl, die man über die Piste F 980 erreicht.
Tourenanbieter wie z. B. **Jöklaferðir** (Tel. 478 1000) oder **Jökluhreppa** (Tel. 478 1567) übernehmen die Transfers ab Höfn, deren Kosten im Tourpreis enthalten sind.

Tourist Information, Hafnarbraut 52, Tel. 478 1500 oder 478 1606, Fax 478 1607, www.east.is. Juni–Aug. tgl. 7.30–22, sonst Mo–Fr 13–18, Sa bis 16 Uhr.

Flughafen: Der Flughafen liegt ca. 2 km nordwestl. von Höfn, Transfers mit Taxis möglich. Tgl. Linienflüge nach Reykjavík und Egilsstaðir, Info: Air Iceland, Tel. 478 1250.

Gistiheimili Ásgardur, Ránaslöð 3 (am Hafen), Tel. 478 1365, Fax 478 1312. Großes Gästehaus, das zum Hotel Höfn gehört. Das Frühstück wird im Nachbarhaus mit fantastischem Blick auf den Vatnajökull serviert. Auch Schlafsackplätze. ○–○○○
▌ **Nýibær,** Hafnarbraut 8, Tel. 478 1736, Fax 478 1965, www. hostel.is. Empfehlenswerte Jugendherberge, geöffnet März–Dez. ○

Im 16. Jh. durften deutsche Hansekaufleute in Djúpivogur Handel treiben

2

Seite
68

Camping: Hafnarbraut 52, Höfn, Tel. 478 1606 (über Jöklaferðir). Sehr gepflegter Platz direkt an der Hauptstraße, darum leider etwas laut. ○

Honird, Hafnarbraut 42, Tel 478 2600, Mo–Fr 9–18, Sa/So bis 17 Uhr. Hier gibt´s guten Kaffee und leckeren Kuchen.○

▌**Ósinn,** Víkurbraut 24, Tel. 478 2200, tgl. 8–22 Uhr. Restaurant für Fast Food- oder Snackfans. ○

Litla Brú, Hafnarbraut 22, Tel. 478 1088. Verkauft hübsche kunsthandwerkliche Souvenirs.
▌**Gallery Árnanes,** Árnanes 5 (beim Flughafen), Tel. 478 1550, Öffnungszeiten nach Vereinbarung, hochwertige Glas- und Keramik-Souvenirs.

Tipp Ein tolles Erlebnis ist ein **Rundflug** über das Gletscherplateau – allerdings müssen die Wetterbedingungen sehr gut sein. Flüge gibt es mit Air Iceland, Tel. 570 3030, oder Mýflug, Tel. 464 4400.

Nördlich von Höfn wird die Ringstraße allmählich kurvenreicher – ein Zeichen dafür, dass man sich den Ostfjorden nähert. Nahe **Djúpivogur** ❷ erhebt sich der auffällige 1069 m hohe Búlandstindur als eine Art Türhüter zu den Ostfjorden. Der ansehnliche Ort (400 Einw.) mit seinem netten Hafen war lange Zeit ein wichtiger Handelsstützpunkt.

Egilsstaðir-Fellabær ❷

Den raschen Aufstieg der Doppelstadt (2000 Einw.) von einem größeren Gehöft zum Zentrum Ostislands innerhalb von 40 Jahren ermöglichte eine bessere Verkehrsanbindung über die 1958 gebaute Holzbrücke über den See Lögurinn. Vielen Aspekten des Lebens in den Ostfjorden widmet sich das **Heimatmuseum,** wo man auch erfährt, dass der Ort zur Landnahmezeit eine Hinrichtungsstätte für Verbrecher war; die alte Ortsbezeichnung *Galgaás* (Galgenberg) erinnerte daran. (Laufskógum 1, Tel. 471 1412, Juni bis Aug. Di–So 11–17 Uhr, sonst kürzer).

Tourist Info, Kaupvangur 10, Tel. 471 2320, Fax 471 1863, Sommer tgl. 9–22 Uhr, Winter eingeschränkt. Außerdem:

2

Seite
68

■ **Ferđamiđstöđ Austurlands** (Reisebüro Ostisland), Miđvangur 2,
Tel. 471 2000, Fax 471 2001.

Icelandair-Hótel Herađ,
Miđvangur 5–7, Tel. 471 1500,
Fax 471 1501, www.icehotel.is. Kom-
fortables Hotel, das auch viele Ge-
schäftsleute schätzen. ○○
■ **Gistiheimili Egilsstađir,** Tel. 471 1114,
Fax 471 1266. Hübscher alter Hof am
Ufer des Lögurinn, auch Schlafsack-
plätze. ○–○○

Café Nielsen, Tjarnarbraut 1,
Tel. 471 2626, tgl. 10–18 Uhr.
Üppige Auswahl an Kuchen, guter
Kaffee. ○

Ausflug zum Lögurinn ㉔

Mit 52 km² Fläche und einer Länge von
rund 35 km ist der Lögurinn (Lagar-
fljót) der drittgrößte See Islands. Und
darin soll Ormur hausen, ein legendä-
res Seeungeheuer, dass seine Gestalt
wechseln kann. »Lagarfljótsormur« ist
auch der Name des Ausflugsschiffes
auf dem See. Es verkehrt in den Sommermonaten vom Steg an der Brücke.

Lagarfljótsormur ehf., Furuvel-
lir 4, Egilsstađir, Tel. 471 2900,
Fax 471 2901, www.ormur.is

Umrundet man den Lögurinn auf der
zumeist gut ausgebauten Straße 931,
wird man nahe Hallormsstađur durch
den Anblick dichter Wälder überrascht
– Kiefern, Fichten, Lärchen, Birken und
andere Bäume wurden von 1938 an
gepflanzt.

Ausflug nach Bakkagerđi ㉕

Den Ort am Borgarfjörđur, ca. 70 km
nördöstlich von Egilsstađir, schmü-
cken nicht nur besonders viele alte,
hübsche Holz- und Torfhäuser, hier
soll auch das Königspaar der Elfen

wohnen (s. Special S. 8 f.). Von Bakka-
gerđi aus starten Trekking-Fans in die
Einsamkeit des Dyrfjöll-Bergmassivs.

Ausflug nach Seyđisfjörđur ㉖

Wer mit der Fähre »Norröna« anreist
(s. S. 34), lernt als erste Station in Island diesen malerisch gelegenen Ort
kennen. Gegen Ende des 19. Jhs. siedelten sich hier am gleichnamigen,
von gewaltigen Bergen eingerahmten
Fjord besonders viele Norweger an –
was erklärt, warum in der Kleinstadt
zahlreiche bunte Häuser an Norwegen
erinnern. In der hübschen blauen Kirche geben zwischen Juni und August
verschiedene Musiker meisten klassische Konzerte.

Im einstigen Wohnhaus des Norwe-
gers Otto Wathne, der Anfang des
20. Jhs. die Fisch verarbeitende Industrie in der Region mitbegründete, informiert ein sehenswertes, kleines
Technikmuseum über die Entwicklung
der Fotografie, Telegrafie und Medizin
(Hafnargata 44, Tel. 472 1596, im
Sommer Di–So 14–17 Uhr, im Winter
nach Vereinbarung).

Austfar, Fjarđagata 8,
Tel. 472 1111, Fax 472 1105,
austfar@isholf.is, ganzjährig Mo–Fr
9–17 Uhr. Reisebüro und Veranstalter
mit Infobroschüren, Zimmervermitt-
lung, Buchungen für die Norröna.

Hótel Seyđisfjörđur, Austurvegur 3, Tel. 472 1460,
Fax 472 1570. Zentrumsnahes, pas-
tellblaues Hotel. Im Restaurant gibt
es hervorragende Fischgerichte. ○○

Zu Canyons und Kaskaden

Bei Grímsstađir verlässt man die Ringstraße und biegt in die gut befahrbare
Schotterstraße 864 ein, um zu einem

In den Felsen des 3,5 km langen Canyons Ásbyrgi brüten viele Eissturmvögel

weiteren beeindruckenden Naturwunder zu gelangen, dem rauschenden ****Dettifoss** ㉗. Den wasserreichsten Wasserfall Europas speist der Gletscherfluss Jökulsá á Fjöllum. Seine Wassermassen – bis zu 200 000 l pro Sekunde – stürzen 44 m tief eine insgesamt 100 m breite Felswand hinab.

Im Westen und Norden schließt sich der 151 km² große **Jökulsárgljúfur Nationalpark** an, den die Jökulsá á Fjöllum Richtung Atlantik durchfließt, vorbei an merkwürdigen Lavagebilden. Trekkingfreunde steuern die beiden Zeltplätze in Ásbyrgi an, die wunderschön am gleichnamigen, so schroffen wie zauberhaften ****Canyon Ásbyrgi** ㉘ liegen. Eindrucksvoll fassen bis zu 100 m hohe Felswände das grüne Tal ein.

Information Center Ásbyrgi,
Tel. 465 2195, Fax 465 2359,
asbyrgi@natturuvernd.is, Mai–Sept.
Mo–Fr 10–16 Uhr.

Camping Jökulsárgljúfur Ásbyrgi, Tel. s. Information Center. Komfortabler Platz mit Einkaufsmöglichkeiten und Anbindung an die Überland-Linienbusse, Reservierung dringend zu empfehlen.

Am Vulkan Krafla

Nähert man sich auf der Ringstraße Reykjalíð, dem touristischen Zentrum am Mývatn von Osten her, wird man von den Dampfschwaden der vielen Solfatare von **Námafjall** ㉙ begrüßt. Allenhalben blubbert in diesem bekannten Hochtemperaturgebiet heißer Schlamm aus Erdlöchern und bildet vielfarbige Mineralienablagerungen. Aber Achtung: Wie in allen Vulkan- und Hochtemperaturgebieten ist stets Vorsicht angesagt.

Der Verlockung, sich in der Lagune bei der Kieselgur-Fabrik ein ausgiebiges (und noch kostenloses) Bad oder in einer ca. 400 m entfernten Kabine einen Saunagang zu gönnen, ist kaum zu widerstehen! Man kann das Auto einfach parken und dort ins flache, hellblaue und dampfende Wasser steigen, wo keine Schilder vor Verbrühungsgefahr warnen.

Fährt man dann die Straße weiter in Richtung Norden gelangt man bald zum Dampfkraftwerk Krafla, das an der Flanke des seit 1975 aktiven Vulkans **Krafla** (818 m) gebaut wurde. Nahe beim kleinen Parkplatz schimmert die schöne Stóra-Víti (»Große Hölle«), ein hellblauer Kratersee.

So präsentiert sich der Mývatn, Islands viertgrößer See, von Höfði am Westufer aus

Am ***Mývatn ㉚

Der 37 km² große »Mückensee« gehört zu den schönsten und meistbesuchten Regionen Islands. Seinen Namen verdankt er den Millionen von harmlosen Zuckmücken, die im Frühjahr und Spätsommer schlüpfen. Jedoch kommt auch eine stechende Kriebelmückenart vor. Kragen- und Spatelenten, Schnatter- oder Trauerenten und 13 andere seltene Enten-Gattungen gehören ebenso zur Vogelwelt des Sees wie zahlreiche andere seltene gefiederte Arten.

Reykjahlíð ㉚
Wie durch ein Wunder verschonte 1792 die Lava des Eldhraun das Kirchlein des Weilers Reykjahlíð, in das sich die Bauern der umliegenden Gehöfte geflüchtet hatten. Alle anderen Gebäude und sogar der Friedhof wurden völlig zerstört. Noch heute wirkt das erkaltete Lavafeld um das neu aufgebaute Gotteshaus bedrohlich. Reykjahlíð (200 Einw.) dient vielen Touristen als Übernachtungsstopp am Mývatn.

Tourist Info Reykjahlíðarskóli (an der Schule), Tel. 464 4390, Fax 464 4378, Sommer tgl. 9–22 Uhr.

Hótel Reynihlíð, Tel. 464 4170, Fax 464 4371, www.reynihlid.is. Sehr gutes Hotel, im Restaurant exzellente Touristenmenüs. ○○○

▍**Gistiheimili Elða,** Tel. 464 4220, Fax 464 4321, www.elda.is. Am Ufer des Mývatn mit hübschen, geräumigen Doppelzimmern. ○○

▍**Skútustaðir,** Tel. 464 4212, Fax 464 4322. Unterkunft auf einem Bauernhof bei den Pseudokratern am Südwestufer, nur im Sommer. ○

Gamli Bærinn, Reykjahlíð, Tel. 464 4170, im Sommer tgl. ab 11 Uhr geöffnet. Etwas touristisch angehauchter Landgasthof, sehr gute Kuchen, abends Livemusik. ○

Tipp Aus der Luft wirken nicht nur der See, sondern vor allem die bizarren Pseudokrater im Süden erst so richtig beeindruckend. Ein großartiges Erlebnis ist daher ein **Rundflug** ab Reykjahlíð mit Mýflug, Tel. 464 4400.

An den Ufern des Mývatn
Rund um den See exisiert eine unglaublich vielfältige Flora; Birken, Weiden, Engelwurz, Hahnenfuß und viele andere Arten gedeihen hier.

Am Ostufer des Sees sollte man den bizarren Lavagebilden von **Dimmuborgir** (ca. 3,5 km hinter dem Parkplatz Höfði rechts abbiegen) einen Besuch abstatten. Sie entstanden vor ungefähr 2500 Jahren und sind Überbleibsel eines Lavasees, der sich hier zunächst staute, dann schlagartig abfloss und erkaltende Säulen zurückließ. Der viertgrößte See Islands überrascht auch mit einem geologischen Phänomen: den Pseudokratern (vgl. S. 14) nahe **Skútustaðir.**

Vom Wanderweg am Südufer kann man die Vögel am besten beobachten. Startpunkt ist knapp 2 km nach der Brücke über den Fluss Laxá – ebenfalls ein guter Platz für Birdwatching.

Húsavík ③

Man nennt sie die »Walhauptstadt der Insel«, weil man in der malerischen Bucht Skjálfandi Buckel-, Finn- oder Seiwalen besonders nahe kommen kann: Existenzgrundlage der Gemeinde (2500 Einw.) sind die unzähligen Touristen, die sich vor allem im Sommer zur Walbeobachtung einfinden und, z. B. mit Norður-Sigling (s. S. 28), auf Tour gehen. So war der ganze Ort in Aufruhr, als im Sommer 2003 Islands Fischereiministerium nach langen Jahren erstmals wieder das Töten von Walen zuließ (s. S. 45).

Das Walmuseum **Hvalamiðstöðin** bezog im Juni 2002 in neue, erheblich größere Räumlichkeiten am Hafen und bietet jetzt auf 1200 m² noch mehr Informationen. An der Decke schwebend befestigt hat man das Skelett des 17 m langen Pottwals »Kjálkaryr«, der 1997 an Islands Südküste strandete und starb. (Mai/Sept. tgl. 10–17, Juni–Aug. tgl. 9–21 Uhr, sonst Sa/So 10–16 Uhr oder nach Vereinbarung: Tel. 464 2520, www.icewhale.is).

Sehenswert ist Húsavíks hübsche **Jugendstil-Kirche** samt ihrem großen Altarbild, die 1907 aus norwegischem Holz gebaut wurde (Sommer tgl. 9–11 und 15–17 Uhr).

ℹ️ Tourist-Information
Húsavíkurstofa, Garðarsbraut 5, Tel. 464 3800, www.husavik.is, Mai–Sept. tgl. 9–20 Uhr.

🏠 Gistiheimili Árból, Ásgarðsvegi 2, Tel. 464 2220, Fax 464 1463, guesth.hus@isl.is. Familiäres, rustikales Gästehaus aus dem Jahr 1903, auch Schlafsackplätze verfügbar. ◐◯
▮ **Fosshótel Húsavík**, Ketilsbraut 22, Tel 464 1220, Fax 464 2161, www.fosshotel.is. Zweckmäßig eingerichtete, schlicht wirkende, jedoch geräumige Zimmer, nicht weit vom Walmuseum. ◐◯

🍴 Gamli Baukur, Hafnarsvæðinu, Tel. 464 2442, tgl. ab 11 Uhr. Gemütliches Restaurant in zwei Holzhäusern am Hafen, von Juni bis Ende August sehr gutes Fischbüffet, ansonsten auch exzellente Meeresfrüchte-Platten oder Snacks. ◐◯

In Richtung Akureyri (s. S. 46 ff.), wo diese Tour endet, liegt an der Ringstraße nahe Fosshóll eine weitere Natursehenswürdigkeit: der ***Goðafoss** ㉜. Zwar sind die Kaskaden des »Götter-Wasserfalls« nur etwa 10 m hoch, jedoch gute 100 m breit. Hier soll der Gode und Gesetzessprecher Þorgeir nach Einführung des Christentums als Staatsreligion seine Götterbilder versenkt haben.

Wo die Ringstraße das Ostufer des Eyjafjörður erreicht, kann man nach **Laufás** abbiegen und dort das Museum im typischen Grassodenhof besuchen. Noch nördlicher liegt dann das Örtchen Grenivík (vgl. Special S. 8 f.).

2

Seite **68**

TOUREN 2, 3, 4, UND 5

0   50 km

N

3

Seite **68**

Pferde, Fisch, und Saga-Helden

*Akureyri → Ólafsfjörður → Siglu-fjörður → Sauðárkrókur → Reyk-holt → *Reykjavík (ca. 550 km)

Grüne Hügel und lang gezogene Fjorde, die schneebedeckte Berge umrahmen, aber auch weite, fruchtbare Ebenen, dazwischen eingestreut wie Farbkleckse kleine Gehöfte oder Siedlungen – der Norden und Westen Islands steht dem Süden und Osten an Schönheit in nichts nach. Auch hier bewegt man sich auf geschichts-trächtigem Boden, sei es nun in Siglufjörður, wo Islands Herings-boom seinen Anfang nahm, oder im Reykholtsdalur, das während der Sagazeit eine bedeutende Rolle spielte. Der Nordwesten ist aber auch eine klassische Reitergegend; hier gibt es große Gehöfte, und im Herbst kann man noch dem Pferdeabtrieb von den Weiden beiwohnen. So vereint auch diese Fünftages-Tour, die sich eigenständig ab Akureyri (s. S. 46 ff.) oder im Anschluss an Tour 2 auf gut befestigter Straße bewältigen lässt, alle Facetten eines unvergesslichen Island-Erlebnisses.

Dalvík ㉝

Von Akureyri gelangt man zunächst in die von der Fischereiwirtschaft ge-prägte Stadt (1450 Einw.), in deren hübschen Hafen sich die Trawler-Flot-te versammelt. Dass der Ort schon auf den ersten Blick ein modernes Antlitz zeigt, hat einen einfachen Grund: 1934 zerstörten ein schweres Erdbe-ben und eine nachfolgende Flutwelle nahezu die gesamte Stadt. Erdstöße sind der Region weiterhin gefährlich.

Sehenswert ist das **Heimatmuse-um,** denn es zeigt einige Superlative: hier findet sich die größte Kollektion an Pflanzen- und Blumenarten in ganz Island, daneben der größte je gefan-gene Seehund und eine Gedenkstätte für den mit 2,34 m einst größten Mann der Welt, Jóhann Kristinn Petursson (1913-1984), an den u. a. ein ausge-stellter Riesensessel erinnert. (*Bygg-ðasafn Davíkur,* Hvoll, Tel. 466 1496, Sommer tgl. 13–17, sonst nur So 13–17 Uhr.)

ℹ️ **Tourist Information,** Ráðhúsinu, Tel. 466 4900, Fax 466 4901, www.dalvik.is, Mo–Fr 9–17 Uhr.

🏠 **Gistiheimili Sæluvistin,** Stórhólsvegi 6, Tel. 466 3088. Modernes, großes Gästehaus, Zimmer mit TV und Telefon, geöffnet Anfang Juni–Ende Aug. ○○

Tröllaskagi

Schon im Namen steckt das Wort »Trölla« für Trolle, und das ist Programm: eine ungezähmte, höchst reizvolle Wildnis bietet diese Halbinsel mit über 1000 m hohen Bergen, Fjorden und Landstrichen, bei deren Anblick man sich mühelos vorstellen kann, dass hier Trolle hausen. Der einsame Nordosten der Halbinsel ist sogar über eine holperige Piste erreichbar – hin-ter Siglufjörður, der nördlichsten Siedlung Islands, endet die Zivilisation.

Dalvíks Kirche errichtete der zeitgenössische Architekt Halldór Halldórsson

Seite
68

3

Café Menning, Hafnarbraut 14, Tel. 466 3352. Hier gibt neben ordentlichen Fischgerichten und leckeren Snacks auch Live-Jazz, Kleinkunst-Performances oder Lesungen. ○

Keramikverkstæði, Aðalgata 7, Tel. 466 1925. Führt hochwertiges Geschirr, Kerzenständer aus Glas ebenso wie Souvenir-Tassen.

Auf der Straße 82 geht es nun die ***Steilküste Upsaströnd** entlang. Immer wieder begeistern Ausblicke auf den Eyafjörður und die Insel Hrísey, an sehr klaren Tagen sogar bis Grímsey (s. S. 49). Bald taucht das schroffe Ólafsfjarðamúli-Gebirge auf und dann windet sich die Straße bis zu 210 m über dem Meer hinauf.

Ólafsfjörður ㉞

Durch den mit 3,4 km längsten Tunnel Islands kommt man in diesen reizvollen Wintersportort (100 Einw.). Wenn der Nordwind reichlich Schnee gebracht hat, tummeln sich die Skifahrer am Ólafjaðafjall, wo sogar eine Skisprungschanze steht. Existenzgrundlage des Städtchens ist aber vor allem der Fischfang.

Zu einem regelrechten Anglerparadies hat sich die Lagune Ólafsfjarðarvatn entwickelt, wo sich kaltes Süß- und vergleichsweise warmes Salzwasser mischen, weshalb man dort die nach Meinung der Einheimischen besten Lachse und Forellen ganz Islands an der Angel haben kann, aber auch Meeresfische anbeißen.

Ornithologen wird das **Naturkundemuseum** begeistern, es zeigt die größte Sammlung präparierter Vögel und Vogeleier in ganz Island und ein naturgetreu nachgebildeter Vogelfelsen bereichert die Schau (Ólafsvegi 4, Tel. 466 2651, Mo–Fr 9.30–12 und 13 bis 15 Uhr).

Hótel Ólafsfjörður, Bylgjubyggð 2, Tel. 466 2400, Fax 466 2660. Gutes Mittelklassehotel mit ausgezeichnetem Restaurant, Cafeteria und Bar direkt an der Hauptstraße. Hier bietet man auch Wassersport und Ausflugsprogramme in die Umgebung an. ○○

Siglufjörður ㉟

Isländer verbinden Islands nördlichste Stadt (1500 Einw.) sofort mit dem Heringsboom vom Anfang des 20. Jhs. und noch immer führt Siglufjörður drei Heringe im Stadtwappen. Doch die besten Zeiten, als Hering ein echter Exportschlager war, sind vorbei. Von 1970 an schrumpfte Siglufjörðurs Einwohnerzahl um fast die Hälfte.

Die kleine, 1932 geweihte **Kirche** (tgl. geöffnet) lohnt den Besuch wegen des großen Altarbilds von Gunnlaugur Blöndal (1893–1962) und des kunstvoll-schlichten Taufsteins, den der Bildhauer Ríkarður Jónsson aus Akureyri gestaltet hat. Vor dem Gotteshaus erinnert die Skulptur **Sílvereiði** (Heringsfang) von Ragnar Kjartansson an die goldene Ära.

Spannendes gibt es im **Heringsmuseum** *(Síldarminjasafnið)* zu sehen und zu erleben: Im Sommer jeweils Sa 15 Uhr wird die Technik des Hering-Salzens live von Arbeiterinnen gezeigt, die große Schürzen und Gummistiefel tragen. Natürlich darf man den Fisch auch probieren. Sonst gibt es Utensilien aus der Zeit des Heringsbooms von 1908 bis gegen 1969 – Fäs-

ser, Netze, alte Fotografien und Urkunden – und Filme zu anzuschauen, die über den Heringsboom informieren (Snorragata 15, Tel. 467 1604, Mitte Juni–Mitte Aug. tgl. 10–18, sonst tgl. 13–17 Uhr).

ℹ️ **Tourist Info** der Stadtverwaltung *(Bæjarskrifstofan)*, Gránagata 24, Tel. 460 5600, Fax 460 5601, www.siglo.is/en, Mo–Fr 9–17 Uhr.

🏠 **Gistiheimili Hvanneyri,** Aðalgata 10, Tel. 467 1378, kein Fax. Kleines Gästehaus mit Familienanschluss. Auf den üppig gedeckten Frühstückstisch kommt auch süßer Hering. ○

🍴 **Biókaffi,** Aðalgata 30, Tel. 467 2233. Für die Kuchen wie für die Grillspezialitäten aus Fleisch werden nur Bio-Rohwaren verwendet. Im gleichen Haus hat die Kette **Pizza 67** eine Filiale. ○

Tipp Alljährlich am ersten Augustwochenende ist die ganze Stadt auf den Beinen: Theatergruppen, Komödianten oder Musiker erinnern noch einmal an die Zeit des Herings-

---

Frisch von der Stange

Stockfisch ist auch heute noch ein wichtiges isländisches Erzeugnis; pro Jahr werden ca. 6000–9000 t in alle Welt exportiert. Das Trocknen an langen Holzstangen ist, neben dem Einsalzen von Klippfisch, die wohl älteste Konservierungsmethode für Fisch und in der Region noch gebräuchlich. Über Jahrhunderte bot diese Art der Haltbarmachung den Isländern die einzige Möglichkeit, Meeresfisch auf Vorrat zu haben. Stock- und Klippfisch werden vor allem aus Kabeljau, Seelachs (Köhlerfisch), Schellfisch, Leng und Lumb (Brasme) hergestellt. Die ausgenommenen Stockfische trocknen ohne Köpfe an der Luft – übrigens ungesalzen. Fertig getrocknetes Fleisch muss einheitlich hellgelb bis weißlich sein. Ist es das nicht und weist gar rötliche oder rote Flecken auf, darf es auf keinen Fall verwendet werden.

Islandpferde werden seit fast 1000 Jahren reinrassig auf der Insel gezüchtet

rauschs – natürlich gibt es beim großen **Heringsfestival** auch jede Menge eingelegten Fisch zu probieren.

Sauðárkrókur

Der Ort (2600 Einw.) ist ein wichtiges Verwaltungszentrum im isländischen Nordwesten und eines der Stockfisch-Produktionszentren der Insel. Am Hafen sieht man Fisch an großen Holzstangen trocknen (dort auch Verkauf).

Die lebensgroße Skulptur eines Islandpferds in der Skagfirðingarbraut, geschaffen von dem Bildhauer Ragnar Kjartansson, verdeutlicht, dass die Pferdezucht im gesamten Skagafjord-Bezirk einen besonders großen Stellenwert hat (vgl. S. 75). Bis vor wenigen Jahren wurden Islandpferde vor allem im Nordwesten der Insel vielfach noch als Arbeitstiere eingesetzt. Auch die besten Reiter der Insel sind hier zuhause.

Tourist Information im Fosshótel Áning, Juni–Aug. tgl. 7–23 Uhr.

Flughafen: 2 km östlich der Stadt; wöchentlich 5 Flüge nach Reykjavík mit Íslandsflug, Tel. 453 6888.

Fosshótel Áning, Sæmundarhlíð, Tel. 453 6717, Fax 562 4001, www.fosshotel.is. Mittelgroßes Sommerhotel in schöner Lage. Mit Restaurant und Sportangeboten. ○○

▌ Mikligarður, Kirkjurgoti 3, Tel. 453 6880, Fax 453 6441. Kleines, gemütliches Gästehaus, das auch Schlafsackunterkünfte bietet. ○

Tipp Eine Wanderung ab Reykir (am Ende der Straße 748) auf den 900 m hohen Aussichtsberg **Tindastóll** nordwestlich von Sauðárkrókur belohnt an klaren Tagen ein einzigartiger Blick auf die Stadt, den Skagafjord sowie die umliegenden Berge und Ebenen der Skagihalbinsel. Auf dem Tindastóll soll es einen mit Wasser und unzähligen Edelsteinen gefüllten Brunnen geben. Jedes Jahr zur Mittsommernacht steige der wertvollste, der Wünsche erfüllen könne, an die Oberfläche.

Seite 68

3

Das Torfhof-Museum Glaumbær, ein kompletter Torfhof aus dem 18. und 19. Jh.

****Torfhof-Museum Glaumbær** ㊲

Vor 1900 lebten die meisten Isländer noch in Häusern, deren Wände aus Wärme speicherndem, vor Nässe schützendem Torf gebaut und deren Dächer mit Grassoden bedeckt waren, die ebenfalls für eine sehr gute Dämmung sorgten.

In diese Ära zurück führt das hervorragend gestaltete *Byggðasafn* Glaumbær. Der Hof, gestützt durch ein Holzgerüst, ist eingeteilt in 16 Räume, darunter Vorrats- Schlaf-, Gästezimmer und Küche mit Milchkammer oder Badestube.

Auf die Vorhänge in der angrenzenden Kirche sind Szenen aus alten isländischen Manuskripten aufgemalt, die von der Annahme des christlichen Glaubens berichten. (Sommer: tgl. 9 bis 18 Uhr, im Winter auf Anfrage unter Tel. 453 6173 oder 453 5097),

🍴 **Gilsstofa,** auf dem Museumsgelände, Tel. 453 6173. Hausgemachte Kuchen und sehr guter Kaffee in dem 1849 erbauten Haus. ○

Varmahlíð ㊳

Der kleine Ort führt die »warmen Quellen« schon im Namen und seine 130 Einwohner nutzen sie zum Heizen, für die Warmwasserversorgung und im Schwimmbad (Laugavegur, Mo–Fr 11–22, Sa/So 11–19 Uhr).

Sehr sehenswert ist die ***Víðimýrarkirkja** bei Víðimýri (ca. 1,5 km westlich des Orts), die 1834 aus sibirischem Treibholz errichtet wurde und seit 1936 unter Denkmalschutz steht (Besichtigung im Sommer tgl. 9 bis 18 Uhr, im Winter nach Vereinbarung unter Tel. 453 8167). Die Grassodenkirche gilt als eines der schönsten Beispiele isländischer Baukunst – die Wände sind aus Torf, um den ein spezielles Holzgerüst herum gearbeitet wurde. Das Altarbild (1616) zeigt eine Abendmahlszene, die Kirchenbänke zieren kunstvolle Schnitzereien.

ℹ️ **Tourist Info,** Varmahlíð, Tel. 4556161, upplysinga@ skagafjordur.is. im Sommer: Mo–Fr 10–16 Uhr. In einem kleinen Holzhaus mit Grasdach im Zentrum.

Hótel Varmahlíð, Laugavegur, Tel. 453 8170, Fax 453 8870, varmah@krokur.is. Ansprechendes Hotel mit geräumigen Zimmern und gutem Restaurant. Im Aktivprogramm sind u. a. Profi-Reittouren. ○○○

Tipp Pferdefans sehr zu empfehlen sind die Angebote von Gehöften wie **Lýtingsstaðir Horse Farm,** Varmahlíð, Tel/Fax 453 8064, www.lythorse.com (mit Pferdeverkauf) oder **Hestasport Activity Tours** (s. S. 30). Oft sind es Mehrtagestouren, z. B. Ausflüge zum Mývatn, die vor allem erfahrene Reiter ansprechen. Manchmal kann man am Pferde- und Schafabtrieb teilnehmen. Auch viele Hotels und Gästehauser bieten Ausflüge im Sattel in Kooperation mit kleineren Höfen an.

Blönduós ㊴

Der Verkehrsknotenpunkt an der Mündung der Blanda erhielt erst 1988 die Stadtrechte. Einen Besuch wert ist das kleine Kunsthandwerks- und Trachtenmuseum *(Heimilisiðnaðarsafnið),* wo es u. a. Wandteppiche und bestickte Tischdecken zu sehen gibt (Árbraut 31, Sommer Mo–Fr 15–17 Uhr).

Tourist Info am Campingplatz an der Ringstraße, Tel. 452 4520, Sommer tgl. 8.30–22 Uhr.

Hótel Blanda, Aðalgata 6, Tel. 452 4205, Fax 452 4208. arnibald@lax-a.is. Gemütliches Haus mit gutem Restaurant direkt im Zentrum. Ganzjährig geöffnet. ○○

Tipp Der **Hvítserkur-Vogelfelsen** ㊵ auf der Vatnsnes-Halbinsel mag mit 15 m nicht gerade hoch sein, doch haben Wind und Wellen den Felsen sehr bizarr geformt. Vor allem Dreizehenmöwen und Kormorane sind zu beobachten. Der Felsen befindet sich nahe Ósar, wo sich überraschend zutrauliche Seehunde tummeln. Zu beiden Zielen muss man beim Miðfjarðarvatn in die Straße Nr. 711 einbiegen.

Sæberg, Reykir, Tel. 451 0015, Fax 451 0034, www.hostels.is. Jugendherberge, etwas nördlich von Reykir am Meer. Dez. geschl. ○

Eiríkstaðir ㊶

Bei Brú lohnt ein weiterer Abstecher (25 km) von der Ringstraße auf der teilweise unbefestigten, aber gut befahrbaren F 586 zum östlich des lang gezogenen Haukadalsvatn gelegenen Freilichtmuseum (Tel. 434 1118 oder 434 1410, www.dalir.is/leif und www.aknet.is/oskarutd/leifur.htm, im Sommer tgl. 10–18 Uhr).

In einem nachgebauten Torfhaus mit Grassodendach wird die Geschichte der Wikinger Erik des Roten und dessen Sohn Leifur Eiríksson auf spannende Weise dargestellt. Leifur Eiríksson, der als Entdecker Amerikas gilt, wurde im 10. Jh. in jenem Tal geboren, in dem auch das Museum liegt.

Fosshótel Bifröst, Norðurárdalur, Tel. 433 3090, Fax 562 4001, www.fosshotel.is. Sehr beliebtes Sommerhotel an der Ringstraße. ○○

Abstecher ins Reykholtsdalur

Reykholt ㊷
Hier wohnte von etwa 1200 an kein Geringerer als Snorri Sturlurson, Verfasser der weltberühmten »Edda«

3

Seite **68**

(s. S. 24) und der »Heimskringla«, der Geschichte des norwegischen Königshauses. Gleich zweimal wurde er in das Amt des Gesetzesprechers auf dem Alþing in Þingvellir berufen – das damals wichtigste Amt im Staat. Gefolgsleute des norwegischen Königs ermordeten Snorri 1241. Über Snorri und seine bedeutenden Werke informiert ausführlich das Museum **Snorrastofa** (im Sommer tgl. 10–22 Uhr, Tel. 435 1490, www.snorrastofa.is).

Der Hraunfossar im Reykholtsdalur

Seite 68

ℹ️ Tourist Info Heimskringla, Tel. 435 1490 und 435 1112, Fax 435 1412, www.reykholt.is, im Sommer tgl. 10–18 Uhr, im Winter auf Anfrage.

🏠 Hótel Reykholt, Tel. 435 1260, Fax: 435 1421, www.reykholt.is/hotel/adalsida.htm. Mittelklassehotel, im Sommer Reservierung dringend zu empfehlen. ○○

Tipp Im Juli findet in der sehr schönen Kirche von Reykholt ein **Musikfestival** statt, bei dem Klassikfreunde auf ihre Kosten kommen. Reservierungen unter Tel. 552 3208 oder 891 7677, www.vortex.is/festival

Gleich hinter Reykholt, an der Straße 519, sprudelt die **Deildartunguhver,** die ergiebigste heiße Quelle der Welt. 180 l kochendes Wasser schießen pro Sekunde aus ihr hervor, 1,7 Mio. l pro Tag. Zu den schönsten der vielen Wasserfälle Islands darf der **Hraunfossar** ⓭ gezählt werden (vgl. Special S. 6 f.).

Húsafell ⓮

Im Erholungsort, in dem zahlreiche Reykjavíker ein Wochenendhäuschen besitzen, wartet ein besonderes Abenteuer: eine Expedition zu den Lavahöhlen Surtshellir, Stefánshellir und

Viðgelmir. Die zwischen 1,6 und 1,9 km langen und 5 bis 10 m hohen Kavernen entstanden, als ein rasch fließender Lavastrom eine erkaltende Hülle zurückließ, unter der sich das flüssige Erdinnere weiter bewegte. Im Sommer kann man eine Höhlenbesichtigung bei der Tourist Info buchen:

ℹ️ Húsafell Tourist Info, Tel. 435 1550 Fax 435 1551, www.husafell.is. Auch Vermietung von Ferienhäusern, Schlafsackunterkünften und Campingplätzen, Reitausflüge und Tourenangebote, z. B. zur Stefánshellir.

Borgarnes ⓯

Die lebendige, schön am Borgarfjörður gelegene Stadt (1800 Einw.) fand schon Erwähnung in der berühmten »Egillssaga«, was erklärt, dass alle Straßen hier nach Personen aus dieser Erzählung benannt wurden. Digranes heißt der Ort in der Saga, die der verehrte Skalden-Dichter Egill Skallagrímsson schrieb, der 900 auf dem Hof Borg bei Borgarnes geboren wurde (gest. 983). Im Park **Skallagrímsgarður** mitten im Ort ragt ein Grabhügel auf – hier wurde Egills Vater nach Wikingerart mit seinem Pferd in voller Rüstung beigesetzt.

Der Hof **Borg á Mýrum,** auf dem Egill bestattet sein soll, liegt etwas nordwestlich der Stadt (an der Str. 54 Richtung Stykkishólmur). Dort erinnert eine Statue von Ásmundur Sveinsson (s. S. 26) an den großen Dichter.

 Tourist Information, Borgarbraut 59, Tel/Fax 437 2323, Sommer: tgl. 8–23.30 Uhr, Info-Center an der Tankstelle.

 Gistiheimili Bjarg, Borganesi (Richtung Straße 54), Tel. 437 1925, Fax 437 1975, bjarg@simnet.is. Kleines Gästehaus mit vier Zimmern, ganzj. geöffnet. ○
▌**Venus,** Borgarfjarðarbrú, Tel. 437 2345, Fax 437 2344. Ansprechendes Motel, ca. 4 km südlich der Stadt. ○

▌▌ **Restaurant Borgarnes,** Egilsgata 14–16, Tel. 437 1119, tgl. ab 12 Uhr. Sehr gutes Restaurant des gleichnamigen Hotels, delikate Fisch-, Lamm- und Geflügelspezialitäten. ○○

Akranes ㊻

Zementfabrikation und Fischereiwirtschaft – diese Erwerbszweige bilden das wirtschaftliche Rückgrat der Stadt (5000 Einw.), die zwei irische Mönche um 880 gegründet haben sollen.

Das sehenswerte **Volkskundemuseum** zeigt ein buntes Sammelsurium: historische Klassenzimmer, alte Fotoapparate und Aufnahmen der Stadt aus dem Jahr 1898, zwei prächtig restaurierte Oldtimer, eine Nachbildung des Fischerboots »Sæunn« aus dem Jahre 1874 und den restaurierten Segelkutter »Sigurfari«, der 1885 in England gebaut worden war (Garðagrund, www.akranes.is/museum, im Sommer tgl. 10.30–12 und 13.30–16.30, sonst

13.30–16.30 Uhr). Als erstes isländisches Betongebäude entstand 1872 bis 1882 das gelbe Pfarrhaus in der Skólabraut.

 Tourist Information, Stillholt 16–18, Tel. 433 1000, Fax 433 1001, www.akranes.is, Mo–Fr 9–12 und 13–17 Uhr.

 Hotel/Gästehaus Barbró, Krikjurbraut 11, Tel. 431 4240 und 431 4067, Fax 431 4241, barbro@akranes.is. Zimmer aller Kategorien – von gutem Hotelstandard über Zimmer mit Fließwasser bis zu Schlafsackplätzen. Gutes Restaurant und Café. ○–○○○

3

Seite 68

Richtung Reykjavík

Statt die Reise durch den mautpflichtigen Hvalfjörður-Tunnel abzukürzen, sollte man lieber um den malerischen, gleichnamigen Fjord herumfahren. So bietet sich die Möglichkeit, bei der Tankstelle Botn am Ende des Fjords in eine kleine Straße einzubiegen, die nach ca. 2 km endet, und eine kleine Wanderung zum ***Glymur ㊿** zu unternehmen, dem mit 198 m Höhe größten Wasserfall Islands.

Mosfellsbær ㊽ zählt bereits zum nördlichen Elnzugsgebiet Reykjavíks. Hier lebte Halldór Laxness von 1945 bis 1988. Sein Haus soll als Museum eingerichtet werden.

Tipp Kaum billiger als in den Touristenshops, aber sehr viel reichhaltiger ist das Wollwaren-Angebot, z. B. mollig warme Islandpullis, beim Fabrikverkauf des Textilunternehmens **Álafoss** in Mosfellsbær (Álafossvegi 23, Tel. 566 6303, Mo–Fr 9–18, Sa 9–16 Uhr).

Feuer und Farben

*Reykjavík → **Westmänner-Inseln → *Eldgjá → **Landmanna-laugar → Fluðir → *Reykjavík (ca. 470 km)

Heiße Quellen und ewiges Eis, schroffe Felsen und weite, grüne Viehweiden, kristallklare, verschwiegene Seen und das schäumende Meer – in Islands Süden ballen sich große Kontraste auf engstem Raum. Mit der Kraft der Elemente bringt ein Besuch auf den Westmänner-Inseln in Berührung. Wer sich aus Zeitgründen ausschließlich auf die Region zwischen Reykjavík und der bunten einzigartigen Rhyolith-Gebirgslandschaft des Landmannalaugar konzentrieren will, kann im Rahmen dieser Ein-Wochen-Tour einen Aufenthalt auf den Inseln kombinieren mit den Schönheiten der Südküste, einer Fahrt per Allradwagen ins Landmannalaugar und den Sehenswürdigkeiten des Golden Circle (s. S. 50 ff.).

Þorlakshöfn ㊾

Von Reykjavík (s. S. 36 ff.) geht es zunächst über die Reykjanes-Halbinsel in die Stadt (1300 Einw.) am breiten Ölfusá-Fjord.

Ihr Namenspatron, St. Þorlakur, der einzige Heilige Islands (1130–1193), war 1178 Bischof von Skálholt. Aus 56 Einzelteilen setzte Gunnstein Gislason das Altarbild in der **Þorlakskirkja** zusammen (Besichtigung im Sommer Sa/So 15–18 Uhr oder nach Vereinbarung, Tel. 483 3990). Ähnlich sehenswert ist das nahe gelegene kleine

Bücher- und Heimatmuseum *(Bóka Og Byggðasafn)* im Rathaus Ölfus (im Sommer. Mo–Fr 15–19.30, sonst Mo–Do 16 bis 19.30 Uhr). Die meisten Reisenden setzen jedoch gleich über auf die Westmänner-Inseln.

Fährverbindungen: Die Fähre »Herjófur« verkehrt Mai–Sept. tgl. um 12 Uhr, Mo, Do, Fr, Sa auch um 19.30 Uhr. In den Herbst und Wintermonaten gibt es eine Verbindung Mo–Sa jeweils 12 Uhr, Fr auch 19 Uhr, So 18 Uhr. Das Schiff fasst ungefähr 480 Personen und maximal 70 Pkw. Bei rauer See und Sturmwarnung kann die Verbindung kurzfristig eingestellt werden. Infos und Buchung bei **Samskip** am Fährhafen Þorlakshöfn, Tel. 483 3413 oder 481 2800, Fax 483 3924, www.samskip.is. Die Überfahrt dauert knappe 3 Std., auf der Fähre gibt es eine Cafeteria.

Heimagisting, Reykjabraut 19, Tel. 483 3630, Fax 483 3580. Einfaches Gästehaus und sehr schlichte Zimmer, aber herzliche Gastfreundschaft ○

**Westmänner-Inseln

Felszacken und Steilwände, aus denen das Meer ganze Höhlen herausgespült hat, schroffe Klippen und spitz zulaufende Gipfel künden davon, wie rau es hier zugeht: An mehr als 70 Tagen im Jahr pfeift der Wind mit mehr als 9 Beaufort – das heißt: Sturmstärke – über die 15 Westmänner-Inseln, von denen lediglich die Hauptinsel **Heimaey** ㊿ ständig bewohnt ist. Die Wetterstation am Stórhöfði, dem süd-

Faszinierender Anblick: die Westmänner-Inseln aus der Vogelperspektive

lichsten Punkt Islands, gilt denn auch als die windreichste ganz Europas. Kein Wunder, dass hier die Wellen die Inseln fast täglich annagen – doch aus dem Erdinnern dringt dann und wann »Nachschub« empor, denn die *Vestmannæyjar* sind, genau betrachtet, die Spitzen unterseeischer Vulkane, also auf flüssig-heißen Grund gebaut.

Den Namen verdanken die Eilande übrigens irischen Sklaven, von den ersten norwegischen Siedlern »Männer aus dem Westen« genannt, was, von Island aus betrachtet, natürlich nicht stimmt. Die »Westmänner« hatten ihren Herrn Hjörleifur, einen Halbbruder des ersten norwegischen Siedlers Ingólfur Arnarson, erschlagen und waren auf eine der Inseln geflohen.

Inselhauptstadt Heimaey
Wenn nach der Überfahrt der Hafen in Sicht kommt, sieht man an dessen linker Seite die rostbraune Lavawand, die noch an den dramatischen Ausbruch des Helgafell-Vulkans von 1973 erinnert. Zunächst mag es irritieren, dass der Ort Heimaey fast andächtig still wirkt, obwohl hier die meisten der 4500 Einwohner der Hauptinsel leben. Doch weil das Städtchen kompakt ist und man alles bestens zu Fuß erledigen kann, gibt es kaum Straßenverkehr.

Wer auf dem Skólavegur in Richtung Ortszentrum geht, stößt an der Ecke zum Kirkjuvegur auf die hübsche, 1778 erbaute **Landkirkja,** eine der ältesten Steinkirchen Islands (Besichtigung nach Vereinbarung unter Tel. 481 3555).

Im **Heimatmuseum** kann man sich einen Eindruck vom Alltag der Bewohner Heimaeys verschaffen, die natürlich vor allem vom Fischfang, aber auch zunehmend vom Tourismus leben (Ráðúsusströð, Tel. 481 1194, ganzj. tgl. 14–17 Uhr). Auf der Insel dürfen im Juli und August übrigens ganz offiziell Vögel gejagt werden;

4

Seite 68

Wasser gegen Lava

Für den 23. Januar 1973 hatte der Wetterdienst für die Vestmannæyjar den Durchzug eines Orkantiefs vorhergesagt, zunächst Südsturm, später Orkan aus Nordwest. Nichts, was die sturmerprobten Bewohner der Insel Heimaey aus der Ruhe gebracht hätte.

Um genau 1.55 Uhr riss eine Explosion die 5300 Einwohner aus dem Schlaf: Aus einer 1600 m langen Vulkanspalte des Helgafell-Vulkans schoss, zischend und fauchend, rot glühende Lava bis zu 100 m empor, und das nur 300 m von der Stadt entfernt. Nun sollte es sich als Glück erweisen, dass die Boote im Hafen geblieben waren – schon eine halbe Stunde später konnte man mit der Evakuierung der Menschen beginnen, die bald in Sicherheit waren.

Der Kampf um Hafenanlagen und Häuser, den Fernseh- und Reporterteams aus aller Welt mitverfolgten, dauerte fünf Monate und ist nachzuerleben in der beeindruckenden »Volcanic Film Show« (s. rechts). Schließlich gelang die größte Rettungsaktion der isländischen Geschichte mit Hilfe von gigantischen Wasserkanonen, aus denen mehr als 43 Mio. l Nass pro Tag schossen.

auch Eier können gesammelt und verzehrt werden, woraus sich der wage-
mutige Volkssport des Seilschwin-
gens an steilen Klippen entwickelt
hat. Dies und andere wissenswerte
Fakten über die empfindliche Flora
und Fauna der Inselgruppe erfährt
man im **Naturkundemuseum** (Nát-
túrugrípasafnið, Heiðarvegur 12,
Tel. 481 1997, Sommer: tgl. 11–17, Winter: Sa/So 15–17 Uhr).

Schier Unglaubliches zeigt **»The
Volcanic Film Show«** mit packenden
Bildern des Vulkanausbruchs auf Heimaey. Auch der Wiederaufbau der
Stadt und die Entstehung der Insel
Surtsey sind zu sehen. Kurzfilme er-
gänzen das Programm (Heiðarvegur
17, Tel. 481 1045 oder 481 3366, Mitte
Mai–Mitte Sept. tgl. 11 und 15.30,
Mitte Juni–Mitte Aug. auch 14 Uhr
(franz. Untertitel), 17 Uhr (isländisch)
und 21 Uhr, meist englische Texte mit
deutschen Untertiteln).

Touristen Information, Básas-
kersbryggju, Tel. 481 3555,
Sommer: Mo–Fr 9–18, Sa und So
13–17, Winter: Mo–Fr 9–17 Uhr.
▌ **South Iceland Institute of Natural
History,** Strandvegi 50, Tel. 481 2683,
Fax 481 2669, ingvar@nattsud.is,
Mo–Fr 9.30–17 Uhr. Informiert über
Flora und Fauna.

Fährverbindung: Rückfahrt mit der
»Herjólfur« im Sommer tgl. ab 8.15,
Mo, Do, Fr, So auch 16 Uhr,
Info-Tel. 483 3413 oder 481 2800,
Fax 483 3924, www.samskip.is.
Flugverbindung: der Flugplatz liegt
ca. 1,5 km südlich der Innenstadt von
Heimaey (Transfer mit dem Taxi),
mehrmals tgl. Flüge mit Icelandair
(Tel. 481 1520) ab Reykjavík (Dauer:
ca. 30 Min). Charter- oder Rundflüge
gibt es auch mit Westman Islands Air,
Tel. 481 3255.

Hreiðrið & Bólið, Faxastíg 33,
Tel. 481 1045, Fax 481 1414,
eyjamyndir@isholf.is. Gästehaus-
Verband, die Palette reicht vom gut
ausgestatteten Zimmer bis zur Schlaf-
sackunterkunft. ○–○○
▌ **Hótel Þórshamar,**
Vestmannabraut 28, Tel. 481 2900,
Fax: 481 1696, hotel@eyjar.is. Das
einzige Hotel auf der Insel, gutes
Restaurant, auch Schlafsackunter-
künfte. ○–○○
▌ **Gistiheimili Árný,** Illugagata 7,
Tel. 481 2082, Fax: 481 2082.
Familiäres Gästehaus, schlicht aus-
gestattete Zimmer. ○

Lanterna, Bárustígur 11,
Tel. 481 3393. Empfehlenswertes Restaurant, das auch von den
Einheimischen gerne besucht wird. Im
Sommer wird hier das Fleisch von
gebratenen Papageitauchern serviert
– wer Gewissensbisse hat, kann ge-
trost auf die sehr guten Fischgerichte
ausweichen. ○

**Seite
68**

Tipp Besuchen Sie Heimaey nach
Möglichkeit am ersten Wochenende im August (Zimmer vorbuchen!).
Dann nämlich steigt das **Þjodhátid-
Fest,** mit dem man an die Einführung
der isländischen Verfassung 1874 erinnert. Bei Seilschwing-Wettbewerben
messen sich die jungen Männer der
Insel in ihrer Geschicklichkeit. Nachts
versammeln sich tausende vor Sta-
peln von Holzpaletten, die mit Benzin
und Streichhölzern in ein Flammen-
meer verwandelt werden.

Auf der Insel unterwegs
Wer einmal einem aktiven Vulkan zu
Leibe rücken möchte, sollte den
halbstündigen Marsch vom Ort hinauf
zum dampfenden Krater Eldfell, der
1973 entstanden ist, nicht scheuen –
trotz der lockeren Lava und der unter-

wegs zunehmend heißen Erde, die gutes Schuhwerk erfordern. Dass die Papageitaucher an den großen und sehenswerten Vogelfelsen von Skarfatangi, Sæfjall und Ræningjatangi südlich des Helgafell oder Kaplagjóta im Westen bzw. Stóra-Klif, Litla-Klif und Ysti-Klettur im Norden so scheu sind, versteht sich von selbst – gebraten und kräftig gewürzt, gehören sie auf der Insel zu den Delikatessen.

Mit Tourenabietern wie z. B. **Viking Boat Tours** (Strandvegi 81 und Suðurgerði 4, Tel. 481 1085, Fax 481 1086, www.boattours.is) kann man per Boot zu Felsvorsprüngen, Klippen und Höhlen rund um Heimaey aufbrechen, wie z. B. zur Höhle Klettshellir, die eine großartige Akustik bietet.

Schroffe Bergwelt in Þórsmörk

4

Seite 68

Tipp Sparfüchse nehmen den Bus von Reykjavík nach Þorlakshöfn (Fahrpläne: www.bsi.is) und mieten den Allradwagen für die nun folgende Tour ins Landmannalaugar erst jetzt. Ein Profi-Jeep-Vermieter, der den Wagen an den Fährhafen bringt, ist **Sunnæva Trailer Camper & Car Rental,** Hængi 6, Selfoss, Tel. 482 3119, Mobil-Tel. 892 1149, www.randburg.com/is/sunneva

****Þórsmörk** ⑤

Von Þorlakshöfn führt die Tour zunächst nach Sellfoss und folgt der Ringstraße entlang der Südküste (s. S. 56 ff.). Mit einem geländegängigen Fahrzeug ist der Abstecher in das herrliche Naturreservat beinahe Pflicht. Vom Seljalandsfoss (s. S. 58) aus führt die F 249 über etliche, nicht zu unterschätzende Furten in das Tal »Wald des Thor« zwischen den Gletschern Mýrdals- und Eyjafjallajökull.

Die Isländer kennen die Schönheit des Tals und Wanderer schätzen es als besonders attraktives Gebiet, darum sind Hütten und Campingplätze der Wandervereine (s. S. 29) dort oft ausgebucht. In 3 bis 4 Tagen kann man auf einem der bekanntesten Trails Islands, dem **Laugarvegur,** ins Landmannalaugar wandern.

Die Piste zur *Eldgjá

Etwa 40 km östich von Vík (s. S. 59 f.) zweigt die F 209/F 208, für die man unbedingt ein Allradfahrzeug benötigt, nach Norden ab. Sie ist eine der landschaftlich schönsten Strecken Islands – führt sie doch durch die gewaltige **Eldgjá** ⑥, die mit einer Länge von 5 km, bis zu 600 m Breite und 200 m Tiefe die größte Eruptionsspalte der Welt ist. Enstanden ist sie bei einem großen Ausbruch 934.

Am **Ofærufoss** vermutete man noch lange nach der Entdeckung der Eldgjá im Jahre 1893 den Eingang ins Totenreich, denn hier hatte das Wasser eine große, gespenstisch wirkende Brücke aus dem Basalt herausgewaschen. Wasserfälle und Flüsse, ausgedehnte

Vielfarbiges Rhyolithgestein prägt das Gebiet um die Quellen Landmannalaugar

4

Seite
68

Hochweiden, enge Schluchten und moosbedeckte Lavazungen fesseln unterwegs den Blick, doch Vorsicht: die Fahrt ist teilweise technisch anspruchsvoll.

****Landmannalaugar** ㉝

Das größte und einzigartige Rhyolith-Gebiet Islands besticht mit einem ungewohnten Farbenreichtum: Von rostrot bis ockergelb reichen die Nuancen, dazwischen wieder tiefschwarze Lavaströme, dazu bizarre Felsformationen, die wie versteinerte Menschen wirken. Am Rande des Lavastroms Laugahraun aus dem 15. Jh. dampfen Thermalquellen. Weil hier schon die Schafhirten aus dem Bezirk »Land« vor einigen Jahrhunderten heiße Bäder genossen, gab man dieser beeindruckenden Landschaft im Zentrum des Naturschutzgebiets Fjallabak den Namen »Warme Quellen der Leute aus Land«.

Von der Piste F 208 führt südlich des Sees Frostaðavatn eine Abzweigung zu den heißen Quellen. Daneben liegt der Campingplatz Landmannalaugar (s. u.). Vom 912 m hohen Aussichtsberg Suðurnámur (Aufstieg ca. 1,5 Std.) kann man sich einen grandiosen Überblick über die Gegend verschaffen: Im Norden der idyllische Frostaðavatn und das Maar Ljótipollur mit seinem kleinen Kratersee, im Nordosten die Wasserfläche der gestauten Tungnaá, im Südosten die Eldgjá.

Tipp Ohne Allradfahrzeug kommt man von Norden in das Gebiet: über die Straßen 30, 32 und 26 vorbei am Kraftwerk Hrauneyjar.

Busverbindungen: Von Mitte Juni bis Mitte Sept. verkehren fahrplanmäßig Busse von Reykjavík bis Landmannalaugar. **Austurleid-SBS,** Vatnsmýrarvegur 10, 101 Reykjavík, Tel. 545 1717, Fax 545 1718, www.austurleid.is

Hólaskól-Hütte, an der F 208, Nähe Eldgjá, Tel. 487 4840, www.fi.is/English/english_huts.htm. Große Unterkunft mit Duschen und WCs samt angeschlossenem Campingplatz. ○

Die Staumauer des Wasserkraftwerks Búrfell , eines der großen in Island

Camping: Landmannahellir,
Tel. 487 6598, im Westen des Naturschutzgebiets, Unterkunft in Schaf-
treiberhütte möglich, am Campingplatz Duschen und WCs.
▮ **Landmannalaugar,** Tel. 568 2533.
großer Platz mit Duschen, in der
Hochsaison oft komplett belegt (Reservierung dringend zu empfehlen).
Verpflegung über das in einem Bus
eingerichtete Café Fjallafang,
Tel. 853 7828, nur im Sommer geöffnet (○).
▮ **Camping Sólvangur,** Tel 568 2533,
an der F 208 am Südrand des Naturschutzgebiets Fjallabak, einfacher
Zeltplatz.

Wasserkraftwerk Búrfell ㉞

Bei der Tankstelle Hrauneyjar mündet
die F 208 in die F 26, die geradewegs
zu einem der fünf im Umkreis arbei-
tenden Kraftwerke der halbstaatlichen
Elektrizitätsgesellschaft Landsvirkjun
(www.lv.is) führt. Eine 370 m lange
Mauer staut Islands längsten Fluss,
den Þjórsá, zu einem 1 km² großen
See auf, dessen Wasser in sechs Turbi-
nen Elektrizität erzeugt. Wie etliche
andere Kraftwerke im Land ist auch
Búrfell im Sommer zu besichtigen
(Mo–Fr 13–17, Sa/So 13–18 Uhr).

Landsvirkjun bietet Besuchern auch
die **Saga Age Farm** nach dem Vorbild
des alten Hofes Stöng (Juni–Anfang Sept. tgl. 10–12 und 13–18 Uhr).
   Ein Schlenker nordwärts von der
Straße nach Fluðir wird belohnt mit
einem herrlichen Bad imThermalwas-
ser des **Þjórsádalslaug,** das nicht nur
den Mitarbeitern von Landsvirkjun
offen steht (Di–So tgl. 10–20.30 Uhr).

Fluðir ㉟

Der Weg in Richtung Gullfoss, zu den
Geysiren und nach Laugarvatn sowie
Þingvellir (s. S. 50 ff.) führt in diese
208-Seelen Gemeinde. Wie in Hveragerði (s. S. 54 f.) beheizen auch hier
verschiedene Thermalquellen einige
Gewächshäuser, in denen v. a. Pilze
heranwachsen– die größte Pilzzucht
Islands.

Tourist Information, Aðalstræti,
Tel. 486 6756 und 486 6766,
Mo–Fr 9–16 Uhr.

Icelandair Hótel Fluðir,
Vesturbrún 1, Tel. 486 6630,
Fax 486 6530, www.icehotel.is.
Schick designtes Hotel der Oberklas-
se mit geräumigen Zimmern und sehr
gutem Restaurant. ○○○

Highlights im Hochland

Gullfoss → **Kjölur-Piste → Varmahlíð → *Akureyri → Sprengisandur-Piste → Ringstraße (ca. 760 km) (*Akureyri → ***Mývatn → Askja-Piste und -Krater, ca. 265 km)

Auf die Frage, ob es denn im zivilisierten Europa noch Abenteuer gibt, könnte eine Antwort lauten: Ja, Islands einsame Wildnis. Hier zeigt sich, wer mit einem Allradwagen umgehen kann, ganz gleich, ob beim Furten von reißenden Flüssen oder auf endlos wirkenden, mit Wellblech belegten Pisten. Schotter- und Lavaebenen, bizarrer Basalt, wuchtige Vulkankrater wie die Askja und das Eis der Gletscher sind die einzigen Begleiter hier im »Reich der Geächteten«, wohin das Oberste Gericht des Alþing oft die Verbrecher verbannte, auf dass sie mit viel Glück überleben konnten. Auch diese Tour führt zu einigen der großartigsten Natursehenswürdigkeiten Islands. Die Siebentagesfahrt konfrontiert alle, die ins raue Innere Islands vorstoßen, mit den Unwägbarkeiten und Härten der Elemente. Der Abschnitt Varmahlíð – Akureyri – Godafoss aus Tour 2 schafft den Anschluss an die Sprengisandur-Piste, die westlich von Hella (s. S. 57) wieder auf die Ringstraße trifft.

Für alle, die von Reykjavík aus starten, kann die Tour ein erstes Rendezvous mit der historischen Stätte Þingvellir, dem idyllischen Laugarvatn, den Geysiren im Haukadalur und dem Goldenen Wasserfall, dem Gullfoss, bedeuten (s. S. 50 ff.).

Die **Kjölur-Piste (F 35)

Die Kjölur- *(Kjalvegur)* Route, die vom Gullfoss im Süden zwischen den Gletschern Langjökull und Hofsjökull ins Blöndudalur im Norden führt, ist sicherlich die am leichtesten zu befahrende Hochlandroute. Die Flussquerungen wurden durch moderne Holzbrücken entschärft, damit die schweren Wartungs- und Baufahrzeuge zum inzwischen fertig gestellten Blöndulón-Damm und -Kraftwerk gelangen konnten. Die verbesserte Trasse nimmt den landschaftlichen Reizen jedoch rein gar nichts: schroffe Täler und weite Schotterebenen, ewiges Eis und Vulkanfels, heiße Thermalquellen und Solfataren reihen sich entlang der 185 km langen Strecke.

Die Verbindung über die Kjölur-Hochebene ist als Inlandspassage schon seit der Zeit der Besiedlung Islands bekannt. Der alte Weg »Kjal« verläuft westlich der heutigen Straße (F 35). Nur wenig nördlich des Gullfoss geht die Teerstraße in eine gut befahrbare Schotterpiste über.

Der südliche Teil

Wenn die Piste langsam ansteigt, zweigt bald ein kleiner Track für Jeepfahrer nach Westen ab zum Hagavatn. In diesem kleinen, tiefblauen Gletschersee, in dem drei Forellenarten leben, spiegelt sich an windstillen Tagen die zerfurchte, eisige Ostzunge des Langjökull.

Hagavatn II, am Ostufer des Hagavatn, Tel. 568 2533. Hütte des Ferðafélag Íslands: 12 Plätze ohne Küche und Heizung. ○

5

Seite **68**

Das Kerlingarfjöll darf man durchaus als Outdoor-Paradies bezeichnen

5

Seite
68

Die F 35 windet sich über den 610 m hohen Pass Bláfellsháls, von dort kann man einen tollen Blick in Richtung Süden genießen.

Den kleinen Track zum **Hvítárvatn,** der hinter dem Pass abzweigt, sollten nur Jeepfahrer befahren, denn zweimal ist die tiefe Svartá zu furten. Noch vor wenigen Jahren trieben Eisberge auf dem 30 km² großen Gletschersee; durch die globale Erwärmung sind diese jedoch geschmolzen.

Hvítárnes, ca. 8 km südöstl. des Hvítárvatn, Tel. 568 2533. Hütte des Ferðafélag Íslands: 30 Plätze, ohne Küche und Heizung. ○
▌ **Þjófadalir,** Tel. 568 2533. Sehr einfache Unterkunft für Wanderer ca. 12 km westlich von Hvítárnes am Gletscherrand des Langjökull ○

Da das Klima auf Island milder ist als man denkt, wurde das einstige Sommerskigebiet am **Kerlingarfjöll** ❺❺ aufgegeben, an dessen Stelle nun gut ausgewiesene Wege Wanderfreunde und Alpinisten locken. Immerhin sind bis in den Frühsommer hinein noch

Skitouren möglich und Hot Pots verwöhnen mit Thermalwasser. Hier befindet sich auch eine Tankmöglichkeit.

Nahebei weist ein Schild in Richtung Osten zum Hügel Beinahól, dem »Gebeinshügel«, der daran erinnert, dass hier im Oktober 1780 fünf Schafzüchter mitsamt den Packpferden und der ganzen Herde bei einem Schneesturm erfroren sind.

Kerlingarfjöll Highland Resort, Tel. 852 4223, 892 5132, www.kerlingarfjoll.is. Hübsch an einem Hang gelegene, solide, im Sommer bewirtschaftete Hütten mit Heizung, ca 10 km östlich der Kjölur-Route im Kerlingarfjöll. Um die Ecke liegt auch eine flache Wiese, die ideal zum Zelten ist. ○—○○

****Hveravellir** ❺❼

Das Straßenschild zum Thermalgebiet, das man über einen abzweigenden, gut zu befahrenden Schotterweg erreicht, ist nicht zu übersehen. Aus dem *Öskuhólt* (Donnerkegel) zischt laut der Dampf, überall blubbert es; in den *Bláhver,* das wohl schönste

»Blauwasserbecken« Islands mit 8 m Durchmesser, möchte man sich glatt hineinlegen – doch Vorsicht, das Wasser ist 90 °C heiß! Kieselmineralien schufen auch an anderen Bassins mit Namen wie *Grænihver* (Grünes Becken) oder *Meyrarauga* (Mädchenauge) kunterbunte Ablagerungen. Der Ferðafélag Íslands, der am Thermalgebiet auch eine Berghütte mit Campingplatz betreibt, hat eine der heißen Quellen in ein bewegliches Rohr gefasst, so dass man stundenlang in den herrlich warmen Sitzbecken entspannen kann. Vorbei an zischenden Solfataren führt ein kleiner Holzsteg zu

einem Torfhaus, das an Fjalla-Eyvindur erinnert. Etwa 1 km südlich der Hütte liegt ein hoher Lavahügel, in dessen Spalten Geröll geschichtet wurde, den man als *Eyvindarrétt* (Schafspferch des Eyvindur) kennt.

Hveravellir, direkt am Parkplatz, Tel. 568 2533. Berghütte des Ferðafélag Íslands: 70 Plätze, große Küche, Zeltplatz, Toiletten und Waschbecken sehr nahe. ○

In Richtung Norden bessert sich der Zustand der Piste immer mehr. Hinter der Ebene Auðkúlheiði nähert man

Held im Hochland

Mit einigem Respekt denken die meisten Isländer an Eyvindur Jónsson – was sicherlich an der romantisch verklärenden Dichtung von Jóhann Sigurjónsson liegt, der mit seinem 1912 veröffentlichten Drama dazu beigetragen haben mag, dass sich um den später Fjalla-Eyvindur genannten Outlaw viele Legenden ranken. So soll der 36-Jährige in der Lage gewesen sein, Arme und Beine zu Rädern zu formen und so enorm schnell voranzukommen. Seine Frau Halla soll mit Elfen und Geistern in Kontakt gewesen sein, die das Ehepaar im einsamen Hochland mit Lebensmitteln versorgt haben, und zwar in einer Höhle, deren Dach ein Pferdegerippe gebildet haben soll. Zudem heißt es, Eyvindur habe als Junge einer alten Landstreicherin Käse gestohlen, die ihn dafür mit einem Fluch belegte. Nie mehr sollte er aufhören können zu stehlen – was den jungen Eyvindur in der Tat in Schwierigkeiten brachte.

Fakt ist: Wer vom Obersten Gericht in die Verbannung geschickt wurde, durfte während dieser Jahre und Monate von jedermann legal getötet werden – und wurde erst nach Ablauf der Strafe rehabilitiert. Und so mussten sich der wegen Diebstahls verurteilte Eyvindur Jónsson aus Arnes an den Westfjorden und seine Frau Halla 1760 eiligst in eine einsame Gegend aufmachen. Sie versteckten sich zunächst an den Westfjorden, kamen dann aber nach Hveravellir und schafften es, knappe 20 Jahre in der Wildnis zu überleben. Sie konnten sich von Schneehühnern oder Schafsfleisch ernähren, das sie in den heißen Quellen garten. Gemeinsam mit anderen Geächteten überfielen sie Reisende und raubten vor allem Kleidung, Felle und andere Gebrauchsgegenstände. Es heißt, die beiden seien nie gefasst worden. Das Paar soll glücklich alt geworden sein. Eyvindur starb 69-jährig, im Jahr 1783.

5

Seite **68**

Mit Superjeeps unterwegs auf der Sprengisandur-Piste

5

Seite **68**

sich dem Blanda-Wasserkraftwerk (Blöndustöð), das 1984–1988 an der Nordwestseite des heutigen 57 km² großen Blanda-Stausees erbaut wurde und, wegen der an- und abfahrenden Mitarbeiter, eine Menge Verkehr auf den letzten knapp 10 km bis zur Ringstraße mit sich bringt.

Auf der Straße Nr. 1 sind dann noch ca. 20 km bis Varmahlíð zurückzulegen und rund weitere 80 km bis Akureyri.

Die Sprengisandur-Piste (F 26)

Die Sprengisandur-Route entlang dem Skjálfandafljót nach Süden folgt weitgehend jenem Weg, den man einst zu Pferd von den Ostfjorden nach Þingvellir ritt. Erst 1933 befuhr das erste Auto die 213 km lange, landschaftlich höchst reizvolle Strecke – doch seit damals sind auf ihr Überland-Linienbusse und Allradwagen ebenso unterwegs wie Mountainbiker und Motorradfahrer.

Im Nordosten markiert die Straße Nr. 842 durch das Bárðadalur ab

Goðafoss (s. S. 67) den Beginn der anschließenden Piste F 26, die als eigentliche Sprengisandur-Route gilt. Wer sie durchgehend befahren möchte, braucht ein Allradfahrzeug.

Laugafell 🔞

Eines der Highlights der Strecke ist dieses 892 m hoch gelegene Thermalgebiet. In die heißen Quellen mit einer Wassertemperatur von über 40 °C mag man vor allem dann eintauchen, wenn man morgens aufwacht und sich vor dem Zelt (kleiner, unbewirtschafteter Platz) mitten im Hochsommer eine Winterlandschaft ausbreitet ... Das Badebecken soll von Þorunn Jónsdóttir angelegt worden sein, der Tochter des letzten katholischen Bischofs von Island, Jón Arason. Während einer Pestepidemie im 15. Jh. glaubte sie sich mit ihrer Familie hier sicher vor dem Schwarzen Tod.

> ⚠️ Unbewirtschaftete Hütten (Juni/Aug. Tel. 854 9302, ○) mit Campingplatz am Laugafell. Buchung: **Touring Club of Akureyri,** Tel. 462 2720, www.ffa.est.is

Die Mitte Islands und Nýidalur

Nun beginnt die eigentliche Wüste Sprengisandur. Über die weite kahle Ebene sieht man an nebelfreien Tagen im Osten zum Vatnajökull, dessen Eiskappe im milchigen Himmel zu verschwinden scheint, aber auch zum kleineren Gletscher Tungnafellsjökull und im Westen zum Eismassiv des Hofsjökull. Am fast 1000 m hohen Schildvulkan Fjóðungssalda nahe Kilometer 81 befindet sich die geographische Mitte Islands.

Nächstes Ziel sind die Hütten im **Nýidalur** ⑤⑨, das nach der Wüste wohltuend grün ist. In den Hütten gibt es ein Faltblatt über die verschiedenen Wandermöglichkeiten in der Region.

 Nýidalur, Tel. 568 2533. Zwei bewirtschaftete Hütten mit insgesamt 160 einfachen Lagern, daneben ein Zeltplatz. Unbedingt vorausbuchen, da die Hütten oft von Gruppen belegt sind! ○

Bei Kilometer 147 wartet eine Furt durch die Svartá, bei Kilometer 161 eine heiße Tasse Kaffee im Rasthaus Stórahver (Versalir).

Tipps für Allradwagen-Fahrer

Noch immer müssen isländische Rettungskräfte (s. S. 100) viele Autos aus den Gletscherflüssen im Hochland bergen – wie etwa im Rekordsommer 2003, als es für die Männer von ICE-SAR bis zu zwei Einsätze pro Woche gab. Das nämlich ist das größte Problem: So sehr manche Fahrer die Kraft des Wassers unterschätzen, so sehr überschätzen sie ihr eigenes Können. Zur Lebensgefahr gesellen sich hohe Kosten für die Rettung und Schäden am Wagen, die keine Versicherung übernimmt.

Nachdem die meisten Pisten so weit geebnet wurden, dass Schotter und Geröll nicht mehr die größten Hindernisse sind, bleiben vor allem die unberechenbaren Flüsse – Reifen werden in Sekunden unterspült, die Zündung fällt durch eindringendes Wasser aus.

Faustregeln: Morgens ist der Wasserstand in Gletschernähe am niedrigsten – gegen Mittag hin schwellen die Gewässer wegen des vermehrten Schmelzwassers an. Alle Furten sollte man, auch wenn man im Konvoi hindurchfährt, vor der Durchquerung gründlich durchwaten – und zwar gegen die Strömung. Vor allem in der Mitte der Flussläufe finden sich oft tiefe, ausgewaschene Rinnen. Ist die Strömung zu stark, sollten Sie sich anseilen. Blindes Vertrauen ist hier keinesfalls angebracht: folgen Sie weder fremden Reifenspuren, die zu einer vermeintlichen Furt führen, ohne sie zu prüfen, noch anderen Autofahrern, die ohne Test mit Vollgas durchs Wasser rasen. Umsicht ist eine wichtige Tugend – ganz gewiss auch beim Fahren eines Allradwagens im Hochland.

Die Daten für die Öffnung der Pisten nach dem Winter (meist Anfang Juli–Ende Aug.) legt das Isländische Straßenamt Vegagerðin fest (www.vegagerdin.is), erfragen kann kann man sie unter Tel. 522 1000.

5

Seite
68

Den Ring des Víti-Kraters füllt der Öskjuvatn, der tiefste See Islands

Versalir, Tel. 852 2161, Fax 487 5278. Haus mit 40 Schlafsaal-Plätzen, dazu eine Tankstelle mit Lebensmittel-Shop sowie ein Zeltplatz.○

Seite 68

Bei Kilometer 181 hat man das unbewohnte Hochland hinter sich gebracht; nun kann man in die F 208 in Richtung Landmannalaugar einbiegen (s. S. 83) und sich an der Tankstelle Hrauneyjar (Tel. 487 7782) mit Vorräten eindecken.

Tipp Das Wasserkraftwerk **Hrauneyjarfossstöđ,** das ca. 150 MW/ Stunde Energie aus dem aufgestauten Wasser der Tungnaá erzeugt, bietet Führungen auch für einzelne Besucher an (im Sommer tgl. 13–17 Uhr).

Askja-Piste (F 88)

Auch die einst schwierig zu befahrende Piste F 88, eine Stichstraße, wurde in den vergangenen Jahren geebnet. Es bleiben jedoch einige sandige Stellen, die einen Allradwagen erforderlich machen. Die Piste zweigt 33 km östlich vom Mývatnzentrum Reykjahlíđ (s. S. 65 f.) kurz vor der Brücke über den Jökulsá á Fjöllum von der Ringstraße ab.

Herđubreiđalindir und Herđubreiđ ⑥⓪

Erstes Etappenziel ist Herđubreiđalindir, wo Bäche zarten Pfanzenwuchs möglich machen. Mitte Juni nisten hier Kleine Riedgänse. Im Hintergrund ragt der 1682 m hohe Vulkan Herđubreiđ (Breitschulter) auf. Erst der Geologe Hans Reck bezwang 1908 gemeinsam mit dem Isländer Sigurđur Sumarliđason den schroffen, schneebedeckten Gipfel des Tafelbergs.

Ein kleiner Steinhaufen in der Nähe der Berghütte erinnert an den Geächteten Fjalla-Eyvindur (s. S. 87), der sich hier im Winter 1774/1775 unter undenkbar harten Bedingungen in einem kaum geschützten Erdloch und fast ohne Nahrung vor seinen Verfolgern versteckte. Es grenzt an ein Wunder, dass ein einzelner Mensch ohne Ausrüstung und Feuer in der Wildnis überlebte.

Þorsteinsskáli, Hütte mit 30 Schlafplätzen und Zeltplatz von Herðubreiðarlindir, Mitte Juni bis Ende Aug/Anfang Sept. bewirtschaftet. Buchung: www.ffa.est.is, Tel. 462 2720, Zeltplatz: Tel. 854 9301. ❍

Wüste der Missetäter

Die F 88 führt nun an den Rand von Islands größtem zusammenhängenden Lavafeld – der Ódáðahraun, auch bekannt als die »Wüste der Missetäter«. Hierher flüchteten im Mittelalter Gesetzlose, die beim Alþing für vogelfrei erklärt wurden. Man sollte in dieser trockenen Gegend stets mit heftigen Sand- und Staubstürmen rechnen!

Askja ㉛

Durch rostbraune Lavafelder erreicht die F 88 den gewaltigen Einbruchkrater des Askja. Dieser Vulkan, Teil des ca. 4500 Jahre alten Dyngjufjöll-Massivs, war zum letzten Mal 1961 aktiv; bei dem Ausbruch wurden 11 km² Fläche von Lava bedeckt. Die Askja (»Schachtel«)-Caldera selbst nimmt eine Fläche von 45 km² ein.

Durch eine gewaltige Explosion wurde im Jahre 1875 der **Víti-Krater** geboren. In Folge dieser Eruption senkte sich der Boden weiter ab, füllte sich mit Wasser und bildete so den den mit 220 m tiefen **Öskjuvatn.** Das Wasser wird von heißen Quellen gewärmt und lädt daher zum Baden ein. Der Abstieg zum Kratersee ist allerdings sehr steil und rutschig. Am 10. Juli 1907 kamen der deutsche Geologe Walther von Knebel und sein Freund, der Maler Max Rudloff bei der Erforschung des Vulkans ums Leben. Ihre Leichen wurden nie gefunden.

 Dreki-Hütte, an der Kreuzung der Pisten F 88, F 894 und F 910, Tel. 853 2541, www.ffa.est.is. Zwanzig Plätze, einfacher Zeltplatz. ❍

Tour 6

Der raue Westen

*Reykjavík → Borgarnes → Arnarstapi → **Snæfellsjökull → Ólafsvík → Stykkishólmur → *Breiðafjörður → **Latrabjárg → Patreksfjörður → Ísafjörður → Hólmavík → Ringstraße (965 km)

Was unterscheidet Islands Westen vom Rest der Insel? Die malerischen Fjorde, Vulkankegel, die gewaltigen Vogelfelsen, die kleinen Ortschaften, die sich vor dem Wind zu ducken scheinen? Nein, es ist das Gefühl, sich stets entlang an der schmalen Grenze zwischen Zivilisation und ungezähmter, einsamer Wildnis zu bewegen. Obwohl die Westfjorde ganze 10 % der Fläche Islands einnehmen, wohnen gerade mal 4 % aller Isländer dort – und der Westen steht auf kaum einem Standard-Reiseplan. Diese Tour erschließt in rund sieben Tagen eine der interessantesten Regionen der Insel.

Nördlich von Borgarnes (s. S. 76 f.), wo die Straße 54 beginnt, erstreckt sich die Mýrar-Ebene, ein noch immer sehr wasserreiches einstiges Gletschergebiet, das von Stichstraßen durchzogen ist, die alle zum Meer führen.

Wenn nach kurzer Fahrt der 112 m hohe, symmetrische Ringwallkrater Eldborg ㉜ am Horizont auftaucht, ist die Halbinsel **Snæfellsnes** erreicht. Dank ihrer Vielfalt auf engem Raum zählt sie zu den schönsten Landschaften Islands mit verwunschenen Lavahöhlen und heißen Quellen, Vogelkolonien, goldfarbenen Sandstränden, rostroten oder ockergelben

6

Seite 95

Rhyolithfelsen u. v. a. Der südliche und westliche Teil, das Snæfellsbær, zählt nur rund 1800 Einwohner.

Hinter der Brücke über den Fluss Haffjarðará zweigt rechterhand die kleine, gut befahrbare Piste 567 ab. Nach ca. 1 km erreicht man nahe des Hofs **Gerðuberg** ㉝ wundersame Basaltfelsen, überwiegend sechseckige Säulen, die sich wie Soldaten beim Morgenappell aneinander reihen. Ca. 5 km weiter nördlich rauschen mehrere Wasserfälle und ein kleiner Bach. Ein Pfosten markiert die Rauðamelsölkelda, eine der größten Mineralquellen Islands, deren Wasser Heilwirkung haben soll.

Tipp Beim Hof **Ytri-Tunga** führt eine kleine Piste zum Meer hinab, wo sich oft Seehunde sonnen. Nördlich von Lýsuvatn liegt der Hof **Lýsuhóll.** Wer sich dort (auch Unterkunft, Tel. 435 6716, www.islandia.is/lysuholl, ○) anmeldet, kann in einem schönen Schwimmbad in temperiertem, reinem Sodawasser baden, das aus einer nahen Quelle sprudelt.

Der Strand von **Búðir** ㉞, einst einer der schönsten Islands mit warmem, rotgelbem Muschelsand, hat in jüngster Zeit etwas unter Abtragung durch Stürme gelitten. Erlebenswert ist das Lavafeld Búðahraun – zum einen wegen der rund 40 m langen, bizarr aufgewölbten Lavahöhle Búðahellir, zum anderen wegen der seltenen Pflanzen, darunter bis zu 3 m große Farne, die hier gedeihen.

 Hotel Búðir, Tel. 435 6700, Fax: 435 6701, www.budir.is. Das nach einem Brand neu errichtete

Der Snæfellsjökull – ein Zauberberg?

Esoteriker vermuten in ihm eines der wichtigsten der sieben Kräftezentren (Chakren) der Erde, an dem sich viele Energiebahnen treffen. Schon in den Sagas wurde geschrieben, dass alle, die den Berg einmal gesehen haben, wieder zu ihm zurückkehren. Jules Vernes Helden reisen durch den Krater des »Sneffels Yocul« zum Mittelpunkt der Erde, und in gleich zwei Romanen von Halldór Laxness (s. S. 24), »Am Gletscher« und »Weltlicht«, ist der Berg Schauplatz. Viele Bewohner der Snæfellsnes-Halbinsel glauben, dass auf seinem Gipfel mehrere hundert Meter hohe Lichtgestalten wohnen. Ist der Snæfellsjökull also ein magischer Berg? Klar ist: Nicht von ungefähr wurde ein 167 km² großes Gebiet rund um den Gletscher im Juni 2001 zum Nationalpark erklärt (im Sommer Infobüro Hellissandur, Tel. 436 6860, Fax 436 6861, www.ust.is). Natürlich geht es dabei um schützenswerte Flora und Fauna. Doch auch der Berg selbst zieht jeden in seinen Bann – und dies liegt, wie vor allem rational denkende Psychologen betonen, insbesondere an der ausgewogenen, harmonischen und zugleich faszinierenden Kegelform, die dem Snæfellsjökull eine besondere Ausstrahlung gibt, ähnlich dem Fujijama in Japan und anderen Bilderbuch-Vulkanen. Dass viele Reisende vom Snæfellsjökull so begeistert sind, hat also mit Magie nichts zu tun – sondern mit der Schönheit des Berges.

6

Seite
95

Der 1446 m hohe Snæfellsjökull bietet einen majestätischen Anblick

Hotel bietet geschmackvoll gestaltete Zimmer, ein Feinschmecker-Restaurant und ein komplettes Tourenprogramm für die Umgebung an. ○○○

Arnarstapi ⑥⑤

Am Hafen der kleinen Siedlung »Adlerfelsen« hat das Meer die malerischen, fast senkrecht abfallenden und mehr als 20 m hohen teilweise zu bizarren Säulen und Figuren geformt. Die fast 6 m hohe Lavastein-Skulptur *Bárður Snæfellsás* des Bildhauers Ragnar Kjartansson erinnert an den ersten Siedler auf Snæfellsnes.

Sehenswert ist auch die **Sönghellir,** erreichbar für Allradwagenfahrer über die Piste Jökulsháls (F 570, s. u.). Die Gesangshöhle überrascht mit hervorragender Akustik und einigen in den Fels geritzten Figuren und Buchstaben aus den vergangenen 500 Jahren. Die einstige Wasserhöhle Baðstofa am Weiler Hellnar ist leider, bis auf einen Basaltbogen, eingestürzt.

Gästehaus Gíslabær, Hellnar, Tel. 435 6886 oder 854 1871, kein Fax. Einfaches Haus mit Schlafsackunterkünften. ○

Café Fjöruhúsið, Tel. 435 6844, Sommer tgl. 11–22 Uhr, Snacks und Kuchen. ○

Tipp Lust auf eine Fahrt mit der Schneekatze auf den Snæfellsjökull – und das mitten im Sommer? Derartige Vergnügen gibt es mit **Snófell** ab Arnarstapi. Buchung unter Tel. 435 6783, www.snjofell.is. Während der hellen Nächte im Juni kann man auch den kurzen Sonnenuntergang bei einer Mitternachtsfahrt erleben.

Allradwagenfahrer können ca. 1 km nördlich von Arnarstapi die ****Piste F 570** *(Kýrskarðvegur* zum Jökulsaháls) nach Ólafsvík nehmen, die dicht an den Rand des ****Snæfellsjökull** auf eine Höhe von fast 700 m führt. An klaren Tagen hat man garantiert tolle Ausblicke über fast die gesamte Halbinsel, die Schären des Breiðarfjörður und hinüber zum Vogelfelsen Látrabjarg (s. S. 96) an den Westfjorden.

Der Leuchtturm von Malarrif markiert den südlichsten Punkt der Halbinsel, recht nahe im Osten liegen die wenig bekannten Vogelfelsen von **Þúfubjörg** mit großen Möwen- und Lummen-Kolonien.

6

Seite 95

Lava vom vor 2000 Jahren erkalteten Snæfellsjökull formt die Küste bei Hellisandur

Kurz vor **Hellisandur** mit dem liebevoll gestalteten Fischereimuseum im Hotel Hellisandur (Tel. 444 4940, im Sommer Di–So 9–18 Uhr) zweigt noch einmal eine Allradwagen-Piste an den Westrand des Snæfellsjökull ab.

Ólafsvík ⑯

Schon im 17. Jh., als die Dänen über Island herrschten, befand sich dort, wo heute über 1000 Menschen wohnen, ein reger Handelsstützpunkt. Aus jenen Zeiten, genauer, der Mitte des 19. Jhs., hat sich das historische Packhaus erhalten, das ein sehenswertes **Heimatmuseum** mit vielen Fakten über die Ortsgeschichte sowie die Touristen-Info birgt. Mindestens genauso interessant sind die Walbeobachtungsfahrten (vgl. S. 28), zudem wartet Ólafsvik mit Schwimmbad und Golfplatz auf.

Tourist Info, Ólafsbraut 10, Tel. 436 1543, kein Fax, nur im Sommer tgl. 9–19 Uhr.

Ólafsvík, Ólafsbraut 20, Tel. 436 1650, Fax 436 1651, hotelo@simnet.is. Hotel und Gästehaus auch mit Schlafsackunterkünften. Hier können Sie tolle Walbeobachtungstouren oder ornithologische Exkursionen buchen. ○–○○

Tipp In **Bjarnarhöfn** ⑰ gibt es eine der ältesten Holzkirchen Islands (1856) mit einem sehr schönen Altargemälde zu sehen und auf dem gleichnamigen Bauernhof (Tel. 438 1581) kann man nachvollziehen, wie *Hákarl* produziert wird, fermentierter Haifisch, der zur Gärung in Erde eingegraben wird.

Stykkishólmur ⑱

Bevor man in den Fährhafen zu den Westfjorden gelangt, fährt man vorbei am 73 m hohen heiligen Berg **Helgafell,** den der frühe Siedler Þórólfur Mostrarskegg als Platz für einen Thor-Tempel gewählt hatte. Eine Legende besagt, man müsse den Berg besteigen, ohne nach links oder rechts zu sehen, sich dann schweigend gegen Osten neigen und seine Wünsche so vortragen, dass sie niemand sonst hört – dann gehen sie in Erfüllung.

Sehenswert in dem hübschen Ort (1300 Einw.) selbst ist das 1828 ge-

Seite 95

6

6

Seite 95

TOUR 6

0   30 km
N

Nicht nur Papageitaucher bevölkern die Klippen von Látrabjarg

baute Norwegische Haus, das mit hölzernen Fertigbauteilen aus Norwegen errichtet wurde. Heute beheimatet es ein **Volkskundemuseum,** das sich vor allem mit der Landnahmezeit befasst (im Sommer tgl. 11–17 Uhr).

Tourist Information, Borgarbraut 4, Tel. 438 1150, kein Fax, nur im Sommer tgl. 9–21 Uhr.

Fährverbindungen: Von Stykkishólmur nach Brjánslækur tgl. 10 und 16.30 Uhr mit der Autofähre »Baldur«, Reservierungen: Tel. 438 1120, bei Sæferðir (s. S. 28), oder direkt im **Fährbüro Baldur,** Smiðstígur 3, im Sommer tgl. 9–19 Uhr, sonst Mo–Fr 9–12 und 13–17 Uhr. Fahrzeit ca. 2 Std.

B&B by Alma, Sundabakki 12, Tel. 438 1435, almdie@binet.is. Kleines Bed & Breakfast mit englischsprachigem Familienanschluss. ○
▌**Hótel Stykkishólmur,** Borgarbraut 8, Tel. 430 2100, Fax: 430 2101, hotelstykkisholmur@simnet.is. Wer die Nachmittagsfähre nicht mehr geschafft hat, bekommt hier Hotelstandard zum Gästehaus-Tarif. ○

Campingplatz: Borgarbraut 1–4, Tel. 438 1750 oder 438 1150, efling@islandia.is. Gepflegter Platz mit Einkaufsmöglichkeit und Cafeteria.

Fährfahrt in die Westfjorde

Die Schärenwelt des ***Breiðafjörður,** die man bei der Fährfahrt durchkreuzt, ist ein wichtiges Brutgebiet von Seevögeln – auf den Inseln und Inselchen nisten viele Krähenscharben oder Kormorane; auf **Flatey,** das seit 1975 teilweise unter Naturschutz steht, auch Limikolen wie z. B. Alpenstrandläufer.

Abstecher nach ****Látrabjarg** ㉟
Dieser westlichste Punkt Europas ist zugleich einer der schönsten Vogelfelsen Islands. Bis zu 450 m stürzen die harschen Klippen hier in die Tiefe; die Küstenlinie ist mehr als 14 km lang. Die größte Tordalkenkolonie der Welt hat sich hier eingenistet; schätzungsweise fünf Millionen Trottellummen bewohnen den Felsen, hunderttausende von Papageitauchern und Möwen aller Gattungen. Ein schrilles Konzert der Vogelstimmen verfolgt Be-

sucher auf Tritt und Schritt – ein High-
light ganz sicher nicht nur für Hobby-
Ornithologen.

 Breiðavík, Tel. 456 1575,
Fax 456 1189, breidavi@li.is.
Sehr gut ausgestattetes Gästehaus,
angeblich mit Hausgeist, nahe des
Vogelsfelsens. ○○

Tipp In Hnjótur, zwischen Breiðavík
und Patreksfjörður, liegt das
nette kleine Privatmuseum **Minjasafn
Egils Ólafssonar** (Tel. 456 1569).

Patreksfjörður ⑩

Eigentlich besteht der Ort (720 Einw.)
aus zwei Gemeinden, die sich auf die
beiden Halbinseln Vatnseyri und Geir-
seyri verteilen und bis zum Ende des
19. Jhs. nicht nur getrennt waren, sondern auch die Namen der beiden Halbinseln trugen. Man vereinte die Dörfer
zu einer Kommune und benannte sie,
in Anlehnung an die ersten irisch-
keltischen Siedler, nach dem irischen
Nationalheiligen St. Patrick.

Stakkaból, Stekkar 19–21,
Tel. 456 1675 und 864 9675,
stekkabol@snerpa.is. Nach Meinung
vieler Reisender das beste Gästehaus
am Ort, auf jeden Fall eines der größten und mit Hotelkomfort. ○○

Matborg, Eyrargata,
Tel. 456 1544, Mo–Sa 9–23,
So 11–23 Uhr. Hier gibt es sowohl gute
Snacks als auch solide Fischgerichte
zu fairen Preisen. ○

! Charterflüge nach Reykjavík
gibt es vom kleinen Airstrip aus
mit **Jorvík Airlines,** Tel. 456 1168 oder
Tel. 893 0645.

Auch wenn es auf der Karte nicht so
aussieht: Bald wird man feststellen,
dass man für die kurvenreichen Küs-
ten- und Bergstraßen sehr viel mehr
Zeit benötigt als erwartet. Im Örtchen
Bíldudalur ⑪ (250 Einw.) gibt es einige schöne Handelshäuser aus dem
18. und 19. Jh. zu sehen – immerhin lief
an dem einst quirligen Handelsstützpunkt das allererste Dampfschiff Islands aus.

6

Seite
95

Vogelkolonien von oben nach unten

Selbst Unkundigen wird am Látrabjarg auffallen, dass Möwen oder
Papageitaucher ihre Nester in ganz
bestimmten Höhen angelegt haben
und die Reviere der jeweils anderen Arten respektvoll meiden.

In der Tat ist ein solcher Vogelfelsen nicht wahllos, sondern nach
einer festen Ordnung aufgebaut.
So benötigen Mantel- und Silber-
möwen zum Brüten grasbedeckte
Hochflächen, weswegen sie in der
obersten »Etage« nisten. Papagei-

taucher graben dagegen lange
Bruthöhlen in die Erde – das ideale
Gelände finden sie ein Stockwerk
unter den Möwen. Es folgen die
Eissturmvögel, die Tordalken und
Trotellummen – vor allem die beiden Letztgenannten können beim
Landeanflug schlecht manövrieren
und sind so auf breite Felsvor-
sprünge angewiesen. Ganz unten
logieren die Dreizehenmöwe und
die Gryllteisten, die es so nicht weit
zu den Fischgründen im Meer
haben.

Ísafjörður ⑫

Einer der besten Naturhäfen ganz Islands ließ die Stadt (2800 Einw.) zum Versorgungs- und Verwaltungszentrum für die gesamte Westfjord-Region aufsteigen.

Schon 1569 kamen die ersten Kaufleute hierher; geblieben ist aus dieser Zeit der gut erhaltene historische Stadtkern. Das älteste Haus Islands, *Tjöruhús,* stammt aus dem Jahr 1734. Gemeinsam mit dem angrenzenden *Krambuð,* einem ehemaligen Laden aus dem Jahre 1761, sowie dem 1744 erbauten *Turnhús* steht es unter Denkmalschutz. Das in der Häusergruppe untergebrachte **Schifffahrts- und Fischereimuseum** der Westfjorde, *Neðstikaupstaður,* dokumentiert auf beeindruckende Weise die harten Arbeits- und Lebensbedingungen der Fischer, aber auch die Geschichte der Stadt (Skógarbraut 1, Tel. 456 4418, im Sommer: Di–So 13–17 Uhr).

Ísafjörður ist Ausgangspunkt für Trekkingtouren in die Wildnis von **Hornstrandir,** die unbewohnte subpolare Landschaft der nördlichen Westfjorde abseits jedweder Zivilisation.

Tourist Information, Aðalstræti 7, Tel. 456 5121, Fax 456 5122, Sommer: Mo–Fr 8–18, Sa/So 10–14, Winter: Mo–Fr 9–17 Uhr.

Flugverbindungen: Flughafen Ísafjörður, erreichbar ab Stadtmitte mit den Bussen der Valdemar L. Gíslason, Tel. 456 7195 – ist nicht nur bestens an Reykjavík angebunden (tgl. Linienflüge), sondern auch an die Nachbarorte in den Westfjorden (Flüge nach Bedarf), z. B. mit Íslandsflug, Tel. 570 8090, oder Flugfélag, Tel. 456 3000.
Fährverbindungen: Wer ins das Trekkinggebiet Hornstrandir möchte, muss sich in der Touristeninformation nach den Schiffsverbindungen erkundigen. Der reguläre Fährdienst mit der »Fagranes« wurde im Herbst 2003 durch sporadische Fahrten ersetzt.

Gistiheimili Áslaugar, Austurvegur 7, Tel. 456 3868, Fax 456 4075, gistias@snerpa.is, http://randburg.com/is/aslaug. Gästehaus mit Tradition: Seit 1889 nächtigen hier Besucher. Eine kleine Fotoausstellung zeigt das Leben zwischen 1900 und 1940. Sehr gutes Restaurant und Cafeteria. ○○

Restaurant Hótel Ísafjörður, Silfurtorg 2, Tel. 456 1111, tgl. ab 11 Uhr geöffnet. Recht gute Fischküche und Lammgerichte. ○○

Tipp Den Alltag der Fischer an den Westfjorden bis zum Beginn des 20. Jhs. kann man im hübschen **Ósvör-Museum** in Bolungarvík kennen lernen: es handelt sich um eine nachgebaute Fangstation mit Lagerhaus, Fischerhütten und Trockengestellen (im Sommer So 13–16 Uhr und nach Vereinbarung unter Tel. 456 7172).

Fjord-Erlebnis bis Hólmavík

Kurvenreich führt die Straße südwärts an insgesamt sechs langen Fjorden entlang, vorbei an der ehemaligen Walfangstation Súðavík, teils mit herrlichen Ausblicken auf den großen Ísafjarðardjúp und die noch bewohnte Insel Æðey, die für ihre Eiderenten-Kolonie berühmt ist. Dort sind die Enten vor Füchsen sicher.

Zu einer Pause unterwegs verlockt das Ferienzentrum **Reykjanes** auf der gleichnamigen Landzunge (Straße 634, (Tel. 456 4844, Fax 456 4845, www.rnes.is). Dort kann man sich im

6

Seite 95

großen geothermisch beheizten Schwimmbad erfrischen oder im Hotelrestaurant speisen (ganzjährig tgl. ab 11 Uhr, ○○).

Hólmavík ⓰

Seher oder Kräuterkundler und Menschen mit vermeintlich übernatürlichen Fähigkeiten waren im 17. Jh. vor der blutigen Hexenverfolgung, die im restlichen Island 21 Menschen das Leben kostete, in die einsamen Westfjorde geflüchtet. Kein Wunder, dass der Ort (400 Einw.) Sitz des einzigen *Hexenmuseums Islands ist. Es versammelt Totenschädel und allerlei magische Utensilien und Mittelchen (Galdrasýning á Ströndum, Höfðagata 8–10, Sommer: tgl. 13.30–21 Uhr, Winter: nach Vereinbarung: Tel. 451 3525, www.vestfirdir.is/galdrasyning).

Tourist Information, Borgarbraut, Tel. 451 3111 oder 451 3110, info@holmavik.is, nur im Sommer Mo–Fr 9–17 Uhr.

Snartatunga, Straður, nahe der Straße 61 (ca. 40 km südl. von Hólmavík), Tel. 451 3362, snartatunga @bigfoot.com. Bauernhof mit einfachen Gästezimmern. Die freundlichen Wirtsleute servieren sehr gutes Frühstück und bieten Reittouren an. ○

Cafe Riis, Hafnarbraut 39, Tel. 451 3567, tgl. ab 9 Uhr. Snacks und leckerer Milchkaffee, Treffpunkt nahe des Hexenmuseums in einem alten Holzhaus. ○

Von Hólmavík führt die flacher werdende, nicht mehr so kurvenreiche Straße vorbei an der einsam gelegenen Landkirche Prestbakki zurück zur Ringstraße nahe Brú.

Infos von A-Z

Behinderte
Fähren, Fluglinien und die meisten Hotels in Akureyri und Reykjavík sind auf Behinderte eingestellt. Auf dem Land sind Behinderte auf Begleitpersonen angewiesen.

▌ **Ferðafélag Íslands** (Iceland Touring Association, s. S. 29), bietet behindertengerechte Reisen an.

▌ **Sjafsbjörg,** Hátuni 12, 105 Reykjavík, Tel. 552 9133, Fax 562 3773, www.sjafsbjorg.is. Der Behindertenverband veröffentlicht auch im Internet einen umfangreichen »Accessibility Guide«.

Diplomatische Vertretungen
▌ **Deutsche Botschaft,**
Laufásvegur 31, 101 Reykjavík, Tel. 530 1100, Fax 530 1101, embager@li.is

▌ **Honorargeneralkonsulat Österreichs:** Köllunarklettsvegur 2, 104 Reykjavík, Tel. 563 4000, Fax 563 4090, arnisi@austurbakki.is; zuständige Botschaft Kopenhagen, Tel.00 45/39 29 41 41.

▌ **Konsularagentur der Schweiz:** Laugavegur 13, 101 Reykjavík, Tel. 551 7172, Fax 551 7179, zuständige Botschaft Oslo, Tel. 00 47/22 54 23 90.

Einreise/Ausreise
Deutsche, Österreicher und Schweizer brauchen für die Einreise einen gültigen Personalausweis oder Reisepass. Haustiere dürfen nicht mitgenommen werden. Wer ein Kraftfahrzeug für maximal einen Monat einführt, benötigt die nationalen Zulassungspapiere, den nationalen Führerschein und die grüne Versicherungskarte bzw. muss in Island eine Haftpflichtversicherung abschließen.

Elektrizität

Netzspannung und Stecker entsprechen mitteleuropäischem Standard.

Feiertage

Neujahr, Gründonnerstag, Karfreitag, Ostersonntag und -montag, erster Sommertag (3. Do im April), 1. Mai, Christi Himmelfahrt, Pfingstsonntag und -montag, 17. Juni (Nationalfeiertag), Handels- und Bankenfeiertag (1. Mo im Aug.), 24. Dez. ab Mittag, 25. und 26. Dez., 31. Dez. ab Mittag.

Geld

Die isländische Króna, ISK, teilt sich in Münzen zu 100, 50, 10, 5 und 1 Kronen auf, ferner in Banknoten zu 500, 1000, 2000 und 5000 Kronen (100 ISK = ca. 1.12 € bzw. 1,74 CHF, 100 € = ca. 8911 ISK, 100 CHF = 5734 ISK, Stand: Nov. 2003).

Reiseschecks und Kreditkarten, insbesondere Visa und EuroPay/Mastercard, sind sehr verbreitet, auf dem Land muss man in manchen Unterkünften jedoch bar zahlen.

Beschränkungen für die Ein- und Ausfuhr von Devisen gibt es nicht, Bargeld sollte man bei Banken auf Island tauschen. Mit einer Bankkarte (Maestro-Karte) erhält man Bargeld aus Geldautomaten mit entsprechendem Logo.

Information

Für Deutschland, Österreich und die Schweiz zuständig:

▮ **Isländisches Fremdenverkehrsamt,** City Center, Frankfurter Straße 181, 63263 Neu-Isenburg, Tel. 0 61 02/ 25 44 84, Fax 25 45 70, info@ icetourist.de, www.icetourist.de

Krankenversicherung

Prüfen Sie vor der Abreise, ob Ihre Krankenversicherung Behandlungskosten in Island übernimmt und besorgen Sie gegebenenfalls das Formular E-111 der gesetzlichen Kassen. Angesichts der hohen Eigenbeteiligungen, die in Island verlangt werden, ist der Abschluss einer Auslandskrankenversicherung, die auch einen medizinisch notwendigen Rücktransport abdeckt, immer sinnvoll.

Kriminalität

Ein wenig Vorsicht vor Taschendieben ist angbracht, wenn man sich ins Nachtleben von Reykjavík stürzt. Ansonsten ist Island eines der sichersten Reiseländer der Welt.

Medizinische Versorgung

Das Netz von Krankenhäusern, medizinischen Zentren oder praktischen Ärzten (z.T. deutschsprachig) ist dicht. Bei ernsthafter akuter Erkrankung erreicht man den Notarzt unter der Notrufnummer Tel. 112. Von speziellen Medikamenten (z.B. Insulin) sollte man ausreichend Vorräte mitnehmen.

Mehrwertsteuerrückerstattung

Mit Iceland Refund (der kleineren Organisation) und Global Refund kooperieren viele Geschäfte. Für bestimmte dort gekaufte Waren mit einem Mindestwert von 4000 ISK pro Kassenbon lassen Sie sich einen Coupon geben und ihn bei der Ausreise vom Zoll abstempeln. Damit können Sie sich an entsprechenden Schaltern am Flughafen Keflavík oder auf der Fähre bis zu 15 % des Kaufpreises erstatten lassen. Über Einzelheiten informieren die Geschäfte und www.icelandrefund.com bzw. www.globalrefund.com

Notruf

▮ Feuerwehr/Krankenwagen/ Polizei Tel. 112,
▮ Polizei in Reykjavík Tel. 551 1166
▮ Berg- und Seenotrettungsdienste ICE-SAR, Tel. 570 5900 oder 892 4277

Öffnungszeiten

Banken: generell Mo–Fr 9.15–16 Uhr, **Läden:** üblicherweise Mo–Fr 9–18, Sa 10–16 Uhr, manche Souvenirshops auch So. Einige Supermärkte haben tgl. bis 23 Uhr geöffnet.

Postämter: bis auf wenige Ausnahmen Mo–Fr 8.30–16.30 Uhr.

Tankstellen und **Kioske** auf dem Land sind zumeist tgl. 7.30–23 Uhr geöffnet, manchmal aber auch erst ab 9 Uhr.

Telefon/Handy/Internet

Innerhalb Islands sind die siebenstelligen Rufnummern komplett zu wählen, Vorwahl-Nummern gibt es nicht. Gespräche von öffentlichen Telefonzellen (mit Münzen- oder Telefonkarten, die z. B. bei Postämtern oder an Kiosken verkauft werden) sind erheblich günstiger als Gespräche vom Hotel aus.

Drei GSM-Betreiber bieten in bewohnten Gebieten eine relativ gute, aber nicht lückenlose Abdeckung im GSM 900 und GSM 1800 Standard für Dualbandhandys. Fragen Sie Ihren Netzbetreiber nach den Roamingbedingungen und -kosten; eine Prepaid-Card isländischer Mobilfunkgesellschaften kann billiger sein.

Internationale Vorwahlen

▮ **Island:** 00 354, dann die siebenstellige Teilnehmernummer,

▮ **Deutschland:** 0049,

▮ **Österreich:** 0043,

▮ **Schweiz:** 0041.

Internetcafés gibt es in Reykjavík, Akureyri und einigen anderen größeren Orten. Oft sind die Cafés Spielhallen angeschlossen.

Trinkgeld

In den Restaurant- und Getränkerechnungen sind Trinkgelder schon enthalten. Ein Trinkgeld wird nicht erwartet.

Verkehrsregeln

Nur markierte Straßen und Pisten dürfen befahren werden. In Island gilt Gurtpflicht, für Motorradfahrer Helmpflicht, und eine Promillegrenze von null, das Abblendlicht muss auch tagsüber eingeschaltet sein. Tempolimits liegen auf Asphaltstraßen bei 90 km/h, auf Schotterstraßen bei 80 km/h und in Siedlungen bei 50 km/h, aber es ist grundsätzlich ratsam, langsam zu fahren. Sonstige Verkehrsregeln und -schilder entsprechen denen in Mitteleuropa. Warnschilder sind immer zu beachten.

Zeit

Es gilt die Mitteleuropäische Zeit minus eine Stunde, während der mitteleuropäischen Sommerzeit minus zwei Stunden.

Zollbestimmungen

Eingeführt werden dürfen maximal: 1 l Spirituosen bis 47 % Alkohol, 1 l Wein oder 1 l Spirituosen bis 21 % oder 6 l ausländisches bzw. 8 l isländisches Bier (nur Reisende über 20 Jahre), ferner 200 Zigaretten oder 250 g andere Tabakwaren, konservierte Lebensmittel bis zu 3 kg pro Person. Treibstoff darf sich nur im festen Tank des Pkw befinden, also z. B. nicht in Kanistern.

Angel- und Reitgerät muss fabrikneu bzw. nachweislich desinfiziert worden sein, ansonsten ist eine kostenpflichtige Desinfektion an der Zollstation fällig.

Reisende über 17 Jahren dürfen abgabenfrei ins Heimatland mitnehmen: 200 Zigaretten, 50 Zigarren oder 250 g Tabak, 1 l Spirituosen mit über 22 Vol-% Alkohol oder 2 l Spirituosen unter vol-22 % Alkohol (Schweiz: jeweils unter 15 Vol-%) und 2 l Wein, 50 g Parfüms und 0,25 l Eau de Toilette, andere Waren bis zu einem Wert von maximal 175 € bzw. 200 CHF.

Langenscheidt Mini-Dolmetscher Isländisch

Allgemeines

Guten Morgen.	Góðan daginn. [**gouð**ann **dai**jenn]
Guten Tag.	Góðan dag. [**gouð**ann **dach**]
Guten Abend.	Gott kvöld. [gohht **kwölt**]
Hallo!	Halló! [**hallou**]
Wie geht's?	Hvað segir þú gott? [kwa Bejje‿θu **gohht**]
Danke, gut.	Allt fínt, þakka þér fyrir. [**ahhlt**‿**fihnnt**, **θahh**ka‿θjär **feh**rehr]
Ich heiße ...	Ég heiti ... [jäa‿**hej**deh]
Auf Wiedersehen.	Bless. [**bläss**]
Morgen	morgun [**morr**günn]
Nachmittag	eftir hádegi [**äf**dehr **hau**dejjeh]
Abend	kvöld [**kwölt**]
Nacht	nótt [**nouhht**]
morgen	á morgun [au **morr**günn]
heute	í dag [i‿**dah**]
gestern	í gær [i‿**gjair**]
Sprechen Sie Deutsch / Englisch?	Talar þú þýsku / ensku? [**talar**‿θu **θihs**kü / **ens**kü]
Wie bitte?	Ha? [**hah**]
Ich verstehe nicht.	Ég skil ekki. [jäa **skehl**‿**ähh**gjeh]
Sagen Sie es bitte nochmals.	Viltu endurtaka það sem þú sagðir. [**wehh**ldü **än**dürtahga θa‿Bäm θu **Bag**θehr]
Ja, bitte.	Já, takk. [**jau tahhk**]
Danke.	Takk. [**tahhk**]
Keine Ursache.	Ekkert að þakka. [**ähh**gjärt‿a **θahh**ka]
was / wer / welcher	hvað / hver / hver [**kwað** / **kwär** / **kwär**]
wo / wohin	hvar / hvert [**kwar** / **kwärt**]
wie / wie viel	hvernig / hve mikið [**kwärd**neh / kwä **meh**kehð]
wann / wie lange	hvenær / hve lengi [**kwä**nair / kwä **lejn**gjeh]
Wie heißt das?	Hvað er þetta kallað? [**kwað**‿er‿**θähh**ta **kad**lað]
Wo ist ...?	Hvar er ...? [**kwar**‿**är**]
Können Sie mir helfen?	Gætir þú hjálpað mér? [**gjai**deer‿θu **hjaul**bað‿**mjär**]
ja	já [**jau**]
nein	nei [**nej**]
Entschuldigen Sie.	Afsakið. [**af**Bakjehð]
Das macht nichts.	Allt í lagi. [**ahhlt**‿i‿**lai**jeh]

Sightseeing

Gibt es hier eine Touristeninformation?	Er hér til uppl´ysingamiðstöð fyrir ferðamenn? [**är**‿hjär **tehl** **ühh**blihBinga‿**mehð**·stöað **feh**rehr **fär**ðamänn]
Haben Sie einen Stadtplan / ein Hotelverzeichnis / ein Verzeichnis der Unterkünfte auf dem Bauernhof?	Er til kort af bænum / listi yfir hótel / listi yfir bændagistingu? [**är**‿**tehl korrt** aw **bai**nüm / **lehß**deh ehwehr **hou**täl / **lehß**deh ehwehr **bain**dagehstingü]
Wann ist das Museum geöffnet / geschlossen?	Hvenær er safnið opið / lokað? [**kwä**nair‿**är** **Bab**nehð **oa**behð / **loa**gað]
Wann ist die Kirche / Ausstellung geöffnet / geschlossen?	Hvenær er kirkjan / sýningin opin / lokuð? [**kwä**nair‿**är kehr**gjan / **Bih**ningehn **oa**behn / **loa**güð]

Shopping

Wo gibt es ...?	Hvar fæst ...? [**kwar**‿**faist**]
Wie viel kostet das?	Hvað kostar þetta? [**kwað** koßdar **θähh**ta]
Das ist zu teuer.	Það er of dýrt. [**θað**‿är of **dihrrt**]
Das gefällt mir (nicht).	Mér finnst þetta (ekki) flott. [mjä‿**fehnnst** **θähh**ta (**ähh**gjeh) **flohht**]
Gibt es das in einer anderen Farbe / Größe?	Er þetta til í öðrum lit / í annarri stærð? [**är**‿**θähh**ta **tehl** i **öð**rüm **leht** / i **an**areh **stairð**]
Ich nehme es.	Ég tek þetta. [jäa‿**täk** **θähh**ta]
Wo ist eine Bank?	Hvar finn ég banka? [**kwar fehnn**‿jäa **baun**ka]
Haben Sie deutsche Zeitungen?	Eru til þýskt dagblöð? [**ärü**‿**tehl** **θihs**kt **dahb**löð]
Wo kann ich telefonieren / eine Telefonkarte kaufen?	Hvar get ég hringt / keypt símakort? [**kwar gjät**‿jäa **hrihngt** / kjejft **Bih**makorrt]

Notfälle

Ich brauche einen Arzt / Zahnarzt.	Ég þarf að komast til læknis / tannlæknis. [jäa **θarf**‿að **komaß**‿**tehl** **laihh**gnehs / **tann**laihhgnehs]

Rufen Sie bitte einen Krankenwagen / die Polizei.	Viltu hringja á sjúkrabíl / lögregluna. [**wehhl**dü **hrihn**kj‿au ßjugrabihl / **lö**räglüna]
Wir hatten einen Unfall.	Við lentum í slysi. [**weh**ð **länn**düm‿i ßleh**ß**eh]
Wo ist das nächste Polizeirevier?	Hvar er næsta lögreglustöð? [**kwar**‿är **naiß**da lögräglü·stöð]
Ich bin bestohlen worden.	Ég hef verið rændur. [jäa‿**häf wäre**hð **rainn**dür]
Mein Auto ist aufgebrochen worden.	Einhver hefur brotist inn í bílinn minn. [**ejn**kwär **hä**wür **brotehst ehnn**‿i **bih**lehnn mehnn]

Essen und Trinken

Die Speisekarte, bitte.	Gæti ég fengið matseðilinn? [**gjaideh**‿jäa **fejn**kjehð **madß**äðehlehnn]
Brot	brauð [**brö**ð]
Kaffee / Tee mit Milch / Zucker	kaffi /te [**kaffeh** / **tä**a] með mjólk / sykri [mä‿**mjouhlk** / **ß**ehgreh]
Orangensaft	appelsínusafi [**ahh**bälßihnü·ßaweh]
Mehr Kaffee, bitte.	Gæti ég fengið meira kaffi, takk. [**gjaideh**‿jäa **fejn**kjehð **mejra kaffee, tahhk**]
Suppe	súpa [ß**u**ba]
Fisch	fiskur [**fehß**gür]
Meeresfrüchte	sjávarréttir [ß**jauwar·riähh**dehr]
Fleisch / Geflügel	kjöt / fuglakjöt [**kjöt** / **füg**glakjöt]
Beilage	meðlæti [**mäö**laideh]
vegetarische Gerichte	grænmetisréttir [**grainm**ädehs·**riähh**dehr]
Eier	egg [**ägg**]
Salat	salat [**ß**allat]
Dessert	eftirréttur [**äf**dehr·**riähh**dür]
Obst	ávextir [**au**wäksdehr]
Eis	ís [**iiß**]
Wein weiß / rot / rosé	vín [**wihn**] hvítvín / rauðvín / rósavín [**kwiht**wihn / **röiö**wihn / **rouß**awihn]
Bier	bjór / öl [**bjour** / **öal**]
Aperitif	fordrykkur [**for·**drehhgür]
Wasser	vatn [**wahhdn**]
Mineralwasser	sódavatn [ß**outa·**wahhdn]
Frühstück	morgunverður [**morr**günwärður]
Mittagessen	hádegisverður [**haudey**jehß**wär**öür]
Abendessen	kvöldverður [**kwölt**wärður]

eine Kleinigkeit	eitthvað lítið [**ejht**kwað **liht**ehð]
Ich möchte bezahlen.	Gæti ég fengið að borga. [**gjaideh**‿jäa **fejn**kjehð‿að **bor**ga]
Es war sehr gut / nicht so gut.	Þetta var mjög gott / ekki nógu gott. [**ßä**hhda war **mjö**‿gohht / **ähh**gjeh **nou**ü gohht]

Im Hotel

Ich suche ein gutes / nicht zu teures Hotel.	Ég er að leita að góðu / ekki mjög d´yru hóteli. [**jäa**‿är‿að **lejd**‿að **gou**öü / **ähh**gjeh mjöö‿**dihrü hout**äleh]
Ich habe ein Zimmer reserviert.	Ég á pantað herbergi. [**jäa**‿a **panntað här**bärgjeh]
Haben Sie Schlafsackplätze?	Er hægt að fá svefnpokapláss? [**är·haicht** að‿**fau** ß**wäpn**poga·plaus]
Ich suche ein Zimmer für ... Personen.	Mig vantar herbergi fyrir... [meh‿**wann**dar **här**bärgjeh **fehr**ehr ...]
Mit Dusche und Toilette.	Með sturtu og klósetti. [mä ß**dürdü**‿oa **klou**ßähteh]
Mit Balkon / schöner Aussicht.	Með svölum / fallegu útsýni. [mä‿ß**wölüm** / **fad**lägü‿**ud**ßihneh]
Wie viel kostet das Zimmer pro Nacht?	Hvað kostar herbergið? [**kwa**ð·**koß**dar **här**bärgjeð]
Mit Frühstück?	Með morgunmat? [**mäð morr**günmat]
Kann ich das Zimmer sehen?	Gæti ég fengið að sjá herbergið? [**gjaideh**‿jäa **fejn**kjeeð‿að **ßja här**bärgjeð]
Haben Sie ein anderes Zimmer?	Er hægt að fá annað herbergi? [**är·haicht** að‿**fau** annað **här**bärgjeh]
Das Zimmer gefällt mir (nicht).	Mér líkar (ekki) herbergið. [**mjär lih**gar (**ähh**gjeh) **här**bärgjeð]
Kann ich mit Kreditkarte bezahlen?	Er hægt að borga með greiðslukorti? [**är·haicht** að **bor**ga mäð **grej**ðßlükorrdeh]
Wo kann ich parken?	Hvar get ég lagt bílnum? [**kwar** gjät·jäa **lacht bihl**nüm]
Haben Sie einen Platz für ein Zelt / ein Wohnmobil?	Er til tjaldstæði / stæði fyrir húsbíl? [**är·teel tjalt·**staiðeh / **stai**ðeh **fehr**ehr hu**ß**bihl]
Wir brauchen Strom / Wasser.	Við þurfum rafmagn / vatn. [**weh**ð·**ðür**wüm **raw**maggn / **wahhdn**]

Langenscheidt
...weil Sprachen verbinden

Mobil übersetzen:
Was Sie wollen – wo Sie wollen!

Neu!
Polyglott City Guide, Langenscheidt
Wörterbuch, Langenscheidt Sprachführer
jetzt auch per WAP*! Infos unter
www.langenscheidt.de/wap

Langenscheidt SMS-Wörterbuch

Ob Englisch, Französisch, Italienisch oder Spanisch –
mit dem innovativen SMS-Wörterbuch von Langenscheidt
fehlen Ihnen nie die Worte. Egal, wo Sie sind, als Kunde
von Vodafone, e-plus, O_2, one oder swisscom mobile
nutzen Sie das Langenscheidt Wörterbuch
ganz einfach über Ihr Handy!

Wie das funktioniert? Ein Blick ins Internet genügt. Unter

www.langenscheidt.de/sms

finden Sie die Beschreibung
für die einzelnen Mobilfunkanbieter.

*) in Kooperation mit Vodafone, swisscom mobile und one.

Zeichenerklärung

Unsere Preissymbole bedeuten:

Hotel (DZ):		Restaurant (Menü):	
○○○	ab 11 200 ISK	○○○	ab 2800 ISK
○○	500 bis 11200 ISK	○○	1900–2800 ISK
○	unter 4500 ISK	○	unter 1900 ISK

**Polyglott im Internet: www.polyglott.de,
im Travel Channel unter www.travelchannel.de**

Alle Informationen stammen aus zuverlässigen Quellen und wurden
sorgfältig geprüft. Für ihre Vollständigkeit und Richtigkeit können wir jedoch
keine Haftung übernehmen.
Ergänzende Anregungen bitten wir zu richten an:
Polyglott Verlag, Redaktion, Postfach 40 11 20, 80711 München.
E-Mail: redaktion@polyglott.de

Impressum

Herausgeber: Polyglott-Redaktion
Autor: Wolfgang Veit
Layout: Ute Weber, Geretsried
Karten und Pläne: Thomas Willmann
Titeldesign-Konzept: Independent Medien-Design
Satz: Alois Gastager, Brunntal
Satz Special: Carmen Marchwinski, München

Erste Auflage 2004/2005
© 2004 by Polyglott Verlag GmbH, München
Printed in Germany
ISBN 3-493-58849-6
Dieses Buch wurde auf chlorfrei gebleichtem Papier gedruckt.

Das unverwechselbare Polyglott-Sternchensystem

*** eine eigene Reise wert   ** einen Umweg wert   * sehr sehenswert

*** Vatnajökull (S. 60)
*** Mývatn (S. 66 f.)

** Blaue Lagune (S. 42)
** Þingvellir (S. 50)
** Strokkur (S. 52)
** Gullfoss (S. 54)
** Skógafoss (S. 58)
** Skaftafell Nationalpark (S. 60)
** Jökulsárlón (S. 62)
** Dettifoss (S. 65)
** Canyon Ásbyrgi (S. 65)
** Torfhof-Museum
   Glaumbær (S. 74)
** Westmänner-Inseln (S. 78 ff.)
** Þórsmörk (S. 82)
** Landmannalaugar (S. 83 f.)
** Kjölur-Piste F 35 (S. 85 ff.)

** Hveravellir (S. 86 f.)
** Piste F 570 (S. 93)
** Snæfellsjökull (S. 93 f.)
** Látrabjarg (S. 96 f.)

* Reykjavík (S. 36 ff.)
* Akureyri (S. 46 ff.)
* Laugarvatn (S. 51 f.)
* Stóri / Großer Geysir (S. 52)
* Hveragerði (S. 54 f.)
* Hafnarfjörður (S. 56 f.)
* Seljalandsfoss (S. 58)
* Goðafoss (S. 67)
* Steilküste Upsaströnd (S. 71)
* Viðimýrarkirkja (S. 74)
* Glymur (S. 77)
* Eldgjá (S. 82)
* Breiðafjörður (S. 96)

Island im Internet

www.us.is/id/300
www.accommodation.is
www.camping.is
www.fjallamennska.is

www.snb.is
www.isafold.de
www.whatson.is
www.novol.is

Der Autor

Wolfgang Veit

arbeitet seit seinem Studium der Politologie, Soziologie und Neuesten Geschichte vor allem als freier Reisejournalist und Buchautor. Er verfasste u. a. die Polyglott-ReiseBücher New York und Island. Mit Island beschäftigt er sich kontinuierlich aus Begeisterung für die grandiose Natur voller Kontraste und die Freundlichkeit der Isländer.